# 精神分析とユング心理学

大場　登
森さち子

精神分析とユング心理学（'11）



装丁・ブックデザイン：畑中　猛

o-30

# まえがき

本書は放送大学教養学部「心理と教育」コース『精神分析とユング心理学』のテキストとして執筆されたものである。放送大学の講義は「テキスト」と「放送授業」で構成されているので、本テキストのそれぞれの章を読まれたら放送授業を通して各章の理解をさらに深めていただきたい。少なくとも正式履修を目指す皆さんには、放送授業受講も単位取得の前提であることをお伝えしておくこととしたい。それでも放送大学の本講義がラジオで流されている以上、「講義」は一般に公開されていると捉えられる。したがって、単位取得を意図される場合でなくても、「放送授業」を併せて受講していただければ本書の理解は確実に深まるはずなので、この機会に、一般の読者にも放送授業受講もぜひお勧めしておくこととしたい。関東圏ではFMで放送されているし、関東以外では、スカパー（CS放送）の500チャンネルで無映像放送されている。放送時間帯に関しては、表紙カバー裏表紙の裏に記されているように、放送大学のホームページでお調べいただくことができる。

さて、「精神分析」と「ユング心理学」は、心理的な問題や心身症状を抱えた方々との「心理療法（サイコセラピー）」という臨床的実践の中から生まれ、且つ、現在でも、その臨床実践を通して、人間に関する「臨床の知」を探究し続けている学問である。ドイツ、そして、アメリカに由来する現代の一般「心理学」という学問が実験室実験や統計学的データを重視する、その意味で、自然科学を目指した学問であり、また、これも現代のアメリカにおける、そして、その影響を強く受けた日本の精神医学が、生物学的精神医学を強く指向していることに対して、精神分析は、その創始者ジークムント・フロイトが当初「科学的」であることを強調した割には、今日に於ても、クライアントと呼ばれる生きた一人の人間と、セラピストと呼ばれる、これもまた生きた一人の人間との「かかわり」、しかも、実に長期間にわたる「かかわり」を通して、人間についての「臨床の知」を紡ぎだそうと努力していると言えよう。「臨床の知」とは、条件を一定にした実験室での実験や一般統計学的データに拠るのではなく、「個々の生きた人間」という個別的な状況で、且つ、身体部位とか生理学的データという部分だけを対象にするのでなく、心身全体を、家族的・社会的・歴史的文脈から切り離すことなく、しかも「関与しながら観察する」者（セラピスト）の立会いのもとで、時間の経過とともに立ち現れる「過程」「現象」を記述してゆくことで得られる「知」のことと言ってよいだろう。ここで、「条件を一定にした実験室における実験ではない」という言葉は少し補足が必要であろう。本書を読み進めてゆかれる中で理解していただけるはずであるが、精神分析やユング心理学においては、心理療法は、「治療構造」とか、「心理療法の『器』」という一定の枠組みの中で営まれることになる。それは狭義の実験心理学的な意味での「実験室」ではないが、実は、「関与しながら・かかわりながら観察するセラピスト」を「実験室」の「中」に意識的に組み入れ、しかも、年余にわたる「時間軸」の中で生起する現象を記述するという意味で、むしろもっとも本格的な「人間に関する『知』」の方法論であると表現することができるのではないだろうか。ユング心理学においても、「「心理療法の『器』」としての「面接室」はとても大事にされ、この脈絡で、ユングが「実験室」、すなわち、laboratory という言葉は、labo(u)r【(骨のおれる) 仕事・(つらい) 努力・労働・産みの苦しみ】と oratory【祈りの場・祈祷室】という語源を持つものであることを示唆（Jung, 1944）していることも指摘しておきたい。すなわち、「実験室」というものは、現代において一般に思われがちであるよりは、実は、はるかに「人間」の全体や深さともかかわりうるものだと理解されよう。人間に関する「知」の探究には、実にさまざまの視点・アプローチ・方法論があることを読者の皆さんにはご理解いただければと思う。

「精神分析」と「ユング心理学」は、心の深層としての「無意識」を重視するという姿勢を共有しているがゆえに、両者はともに「深層心理学」と表現されることもある。但し、「無意識」についての捉え方は、両者において相当に異なるところがある。どのように異なるかは本書をお読みいただく中で次第に理解していただけるのではないだろうか。フロイトとユングという両者がいるように、そして、精神分析学派のセラピストとユング派のセラピストがいるように、読者も、おそらく、どちらかの視点・捉え方に、より親近感を持たれるのではないだろうか。その「親近感」はぜひ大切にしていただきたい。そして、今後、「臨床心理学」を幅広く学ばれるとともに、ご自身が持たれる「親近感」「親和性」に基づいて、「精神分析」あるいは「ユング心理学」、あるいは、また両者とも異なる「臨床心理学」を、さらに深く学んでいただく、そのきっかけに本講義がなることができるとすれば、講義を制作してきた私たち講師にとって、それは望外の喜びと言っていいだろう。

「関心」から出発された本書との取り組みも、読み進めるには、もちろん一定の努力が要請される。「関心」と「努力」をあわせて傾注して下さる読者の皆さんに心からの敬意を払いつつ。

二〇一一年二月

著者を代表して　大場　登

## 文献

Jung, C.G. (1944): Psychologie und Alchemie.Zürich: Rascher. Abb. 144, 145.

# 目次

# 1 精神分析とユング心理学：フロイトとユング

大場　登・森　さち子

**《目標&ポイント》** 精神分析とユング心理学は、フロイトとユングによって、およそ二十世紀の幕開けの頃創始された。フロイトは従来の心の探求法に比較して、「科学的」なアプローチであることを強調したと言われる。ユングは、むしろ、「人間の心に関する学」がかかわっているところは、遠い古代ギリシャ、そして、中世の錬金術、あるいは、中国の「道教」にも深いつながりが見出せるものであると捉えた。視点は異なるけれども、フロイトとユングが生涯をかけて取り組んだ「人間のこころ」への臨床的接近法は、今日「臨床の知」と表現される新しい学問の創造であったと理解される。本章では、精神分析の創始者フロイトとユング心理学の創始者ユングがどのような人物であったのか、きわめて短い紙数の中ではあるが、垣間見てみることにしよう。

**《キーワード》** 精神分析、ユング心理学、フロイト、ユング

## 第一節　ジークムント・フロイト（Sigmund Freud）

森　さち子

精神分析の創始者であるジークムント・フロイトは、ウィーンで医学を修めた神経学者であった。探究心旺盛な研究者フロイトが、神経学の世界にとどまらず、人間の心の暗闇、いわば深層心理に迫る「精神分析」という手法を編み出していくプロセスは、フロイト自身の生い立ち、そして

**写真１：フロイト，S.**（1856－1939）
Louis Breger 著 “FREUD-Darkness in the Midst of Vision” John Wiley & Sons, Inc. 2000より転載

十九世紀末のヨーロッパ、とりわけウィーンの時代的文化的背景の中で成長した過程が深くかかわっている。

フロイトは一八五六年に、旧オーストリア・ハンガリー帝国領モラヴィア地方（現在のチェコ共和国）フライベルクに、ユダヤ商人の息子として生まれた。父ヤーコブが四十歳、その三人目の妻アマーリエが二十一歳のときの子どもである。フロイトが三歳になる頃まで一家は、安定した生活を送っていたが、その後経済的不況にさらにユダヤ人迫害が追い打ちをかけた。そのような状況の中で、毛織物業を営んでいた父が事業に失敗し、自然豊かなのどかなモラヴィアの地を離れざるを得なくなる。フロイト一家は破産同然の状態で、オーストリアの首都ウィーンに移り住むことになった。フロイトが三歳の時だった。この幼少期の不安な体験、すなわち社会的に不安定な情勢の中で、頼もしい父親像が崩壊する幻滅体験は、フロイトの最初の心の危機であった。そしてこの体験は後に、成人になったフロイトを襲う、めまいなどの症状として現れた彼自身の神経症に深くつながっている。その背景に、フロイト自身のエディプス・コンプレックスのテーマがあった。詳しくは、第二章、フロイトの自己分析を参照されたい。

その後、ウィーンで学童期を迎えた成績優秀なフロイトは、経済的には慢性的な困窮が続く中、学校で早くからその才能を認められ、秀才として特別扱いを受けるまでになった。そして、父親の権威失墜にともない、傾きかけたフロイト家の希望の星として、家族の期待を一身に背負い、十七歳でウィーン大学医学部に進む。フロイトのユニークさは、一般の医学生たちとは異なり、医学のみに専心することなく、考古学や心理学に関心をもつとともに文学など、広く多くの書物に触れていたことにある。フロイトが一人の精神分析家、臨床医としての生涯にとどまることなく、後に思想家として、二十世紀を代表する一人となるゆえんは、若い頃から探求し続け、自分のものとしていた幅広い教養と学識に基づいて書かれた多くの著作にある。優れた執筆家でもあったフロイトは、その量だけでなく、書かれたものの質を高く評価され、その独文は一九三〇年に、ゲーテ文学賞を授与されるほどであった。

フロイトは本来、前述したように、脳と神経を生物学的に研究する神経学者であった。生理学研究室でダーウィンの進化論をヤツメウナギの脊髄神経節細胞の比較研究を通して実証する研究を積み重ねた。そして神経細胞と神経突起がまとまった一単位をなすという神経元理論を最初に発表した三人の先駆者の一人になった。しかし、ユダヤ人であること、さらに経済的な理由のために、ウィーン大学に残ることを断念し、一八九一年に大学から離れてウィーン市内で開業生活に入る。そして一開業医としての臨床生活を始めるにつれて、人間の心を科学的に認識し治療に取り組む必要のある神経症という病に次々に出会うようになった。フロイトは、そうした神経症に悩む患者たちにかかわる中で、精神的現象にも一定のメカニズムが働いていることに気がついた。そこで、心の世界に科学的な法則を発見し、人間の精神領域を科学的に認識する技法を模索し始めたのである。

神経症患者の訴えはその原因を探しても、医学的に特別な所見が見つからないものばかりである。それなのに彼らは、なぜ突然歩けなくなるのか。理由もわからぬままに、なぜ不安発作が生じるのか、なぜある強迫観念にかられるのか、あるいはなぜある特有の匂いにとらわれるのか・・・こうした問いのもとにフロイトは、患者の訴え、症状にかかわる途上で、精神現象にも身体的現象と同じような自然法則を、つまり心的な因果関係を見出すことに専心した。

そして、いいまちがえ、物忘れなどの失策行為や、不可解な症状、意味不明な奇妙な夢の背景に、本人も気づかない無意識の世界があることに目が開かれていく。その無意識の心の動きを科学的な方法で把握することができるなら、身体症状に対して診断と治療ができるように、心についても同じように取り扱うことができる。その確信のもとに、フロイトは無意識の世界に光をあてる「精神分析」の方法を樹立した。

フロイトは、一八九六年にはじめて「精神分析」という言葉を用いたが、精神分析家としてフロイトが最終的に目指したことは、科学的な認識に基づいて、自己の心身をめぐる洞察を得ることであった。この内省的な自己をめぐる洞察を通して、人ははじめて、無意識の世界にうごめく欲動や情動に対するコントロールができるという考えが根底にあった。ここにおいて、フロイトは意識よりもむしろ無意識が、その人の言動を決定づけるという心的決定論を説いたのである。そして無意識の世界を発見したことを、地動説を発見したコペルニクスや、進化論を唱えたダーウィンの発見にも比している。

さて、プライベートなフロイトに戻ると、フロイトは後に妻となるマルタとの間で、経済的な問題も含め諸事情を抱えていたために、四年あまりにわたる婚約時代を過ごすことになる。その間、マルタ宛に九百通以上の手紙を書き送ったことは有名である。この婚約時代に、フロイトは当時神経病学のメッカであったパリのサルペトリエールに留学し、シャルコーのもとで催眠療法を学んでいる。そこではじめてヒステリーの研究に触れ、とりわけ、ヒステリーの症状における無意識の心理作用に強烈なインパクトを受けた。

一方、フロイトはその頃、ウィーンで開業医として成功していたブロイアーからも多大な影響を受けていた。ブロイアーのヒステリー患者、O・アンナの症例は精神分析発見の源泉になっている。しかし、ブロイアーとのよい関係は、その後、フロイトが主張する説がブロイアーに受け入れられず、次第に疎遠になっていった。その説については後に詳述するが、フロイトは、無意識に関して「抑圧理論」を確立し、治療法に関しては「自由連想法」を用いること、そしてとりわけ心的外傷となる体験に関して、性的なものに注目する「性的病因説」を説いたのである。それらの理論の中でも、とくに性をめぐる理論は、学会、ひいてはウィーン社会から痛烈な批判を浴びることとなった。しかしフロイトは、これらの説を堅持し、やがて孤独な独自の道を歩むことになる。というのも、十九世紀末のウィーンは、芸術の世界では、グスタフ・クリムトやエゴン・シーレ、オスカール・ココシュカに代表されるように、性のテーマがモチーフとなり始めたとはいえ、カトリック教会の力は未だ大きく、性に関するタブーは色濃く人々の心をとらえていた。そのような時代であったため、性的病因説を主張したフロイトは、社会的に孤立せざるを得ない状況に身を置くことになったのである。

このような孤高な研究者としての歩みを支え、心の友として伴走してくれたのが、ベルリン在住の耳鼻科医ヴィルヘルム・フリースであった。「精神分析」という言葉を用いるようになった翌年から、約三年間、友人フリースに宛てた手紙は二八四通に及んだ。こうして二人の間で交わされた手紙によるやりとりは、フロイト自身の夢の自己分析に発展した。フロイトは親友フリースを分析者に見立てて、自分自身の分析に没頭していったのである。このフロイトにおける「フリース体験」こそ、まさに精神分析の本質的プロセスであったといえる。

この自己分析の過程で、フロイトは彼の神経症の患者たちと同様に、幼児期の体験を回想していく。そして、自らの夢の分析を通して精神分析理論の中核的な概念となるエディプス・コンプレックスを自分の無意識の中に見出すに至った。「夢は無意識への王道である」というフロイトの言葉のゆえんがこの夢をめぐる自己分析体験にある。そして、一九〇〇年に刊行された『夢判断』を皮切りに、次々に著作を刊行していくフロイトは、その研究生活において、もっとも華やかな時代を迎える。いわば、患者の分析資料に加えて、自分自身の自己分析の資料をもとに、人間の心の奥深くにある無意識の世界の解明に挑んだ時代である。そして無意識の世界に、意識の世界と同等、あるいはそれ以上の価値を与えることになったのである。著作が世に出されていくことと並行して、「精神分析」は学問として確立され、フロイトは学者として円熟していく。

やがて、フロイトに共鳴する者たちが、ウィーンだけでなく、チューリッヒ、ブダペストさらにはロンドン、ニューヨークなど、各地から集まった。彼らはフロイトの理解者、あるいは弟子となり、ついに一九一〇年には、国際精神分析学協会が設立された。その初代会長が、第二節で詳しく紹介される、カール・グスターフ・ユングである。ここにおいて、フロイトは学問的孤立から脱することができたのである。さらに、国際的交流もさかんになり、チューリッヒの精神科医オイゲン・ブロイラーの精神分裂病論に、フロイトの考えは多大な影響を与えたと言われている。なお、ユング、そして現存在分析の創始者であるルードヴィヒ・ビンスワンガーは当時、ブロイラーの助手であり、フロイトは親しい交流をもっていた。まさにこの時期が、フロイトの、学問的交流の絶頂期ともいえる。

しかし、その後まもなく、幾多の苦悩を経験することになる。フロイトが頼りにしていた盟友たちが離反していくのである。とりわけ、親密な感情を抱き、さらにこれからの精神分析の発展に大きな貢献をもたらすと期待していたユングとの決別は、フロイトにとって深刻なものであった。

さらに、フロイトを失意と絶望に陥れたのは、第一次世界大戦勃発であった。この社会的現実は、西欧的知性と科学的合理精神こそ、人類の進歩と幸福への道につながるものと信じていたフロイトの信念を根底から覆すほど、フロイトの内面に深刻な打撃を与えた。それは、一九三〇年に『文化への不満』の中で取り上げた「死の本能」に結びついていく。その著書の中で、フロイトは、生の本能、つまりエロスの営みとしての文化の進歩は、潜在的な死の本能、つまりタナトス（自己破壊力）の高まりをもたらすことに言及した。そして、本来は生きるための手段であった人の自然に対する支配力が、逆に人類の自己破壊を引き起こす危険性について警告した。それは、さらなる第二次世界大戦への警鐘でもあったのである。

こうした社会情勢におけるフロイトの著作活動は、思想、文化の領域にも多大な衝撃を与えた。前述したように、臨床家医として出発したフロイトは、まさにここにおいて、二十世紀を代表する思想家の一人となったのである。

一九二三年、六十六歳になっていたフロイトに、上顎ガンの診断が下される。それ以後、亡くなるまでの十六年間、三十三回にもわたる手術を受ける。晩年は壮絶な闘病の中で診療、著作活動を行った。その強靭な精神は、次の言葉に集約される。「痛み止めを飲んで頭がボンヤリするくらいなら、痛みのさなかで物を考える方がましだ」と。実際、フロイトは少量のアスピリンを除く、どんな鎮痛剤も飲まなかった。

闘病しながら臨床と執筆活動を続けていた老フロイトをさらに追い打ちをかけるように襲ったのが、第二次世界大戦であった。一九三二年頃から、ナチスのユダヤ人迫害がいっそう激しくなり、翌年にはベルリンでフロイト及び精神分析関係の書物は焼き捨てられ、ドイツ精神療法学会は、エディプス・コンプレックスをはじめ、精神分析用語全般の使用を禁止した。ナチスのウィーン占領下、フロイト救出の国際世論の高まりにも助けられ、一九三八年八十一歳のフロイトは家族と共にロンドンに亡命する。

この間、進行していたガンによる身体の苦痛と衰弱は著しいながら、フロイトは、執筆活動を続けた。晩年に書かれた、精神分析の論文「終わりある分析と終わりなき分析」、そして「分析技法における構成の仕事」は、現在なお、精神分析を学ぶ臨床家に新鮮な気づきをもたらす貴重な論文である。さらに「人間モーゼと一神教」は、宗教の限界を説き、宗教にとって代わる人間の倫理性を保証する新しい使命を担う思想として精神分析を高みに引き揚げた論を展開している。

こうして最晩年に至るまで、フロイトは科学的世界観から人間の心の営みを探求し続け、ついに一九三九年に八十三歳でその生涯を閉じた。フロイトが好んで引用した「波にもまれて、なお沈まず」という言葉どおり、その精神分析家としての人生は、苦難の航海にも喩えられる軌跡であった。

## 第二節　カール・グスターフ・ユング（Carl Gustav Jung）

大場　登

ユングの『自伝』は、非常に特異な性格を持ったものである。現実的・外的な事柄に関しては実にわずかしか語られていない。それに対して、ユングが幼少期から内面的にどのような経験をしたのか、どのようなおどろおどろしい「夢」や「ヴィジョン」「イマジネーション」に見舞われ、これらとどのように向き合ってきたかについては、かなり詳細に描かれている。以下、ユングについての最低限の「この世的」なデータを加えつつ、ユングという人間を読者に紹介してみる試みと取

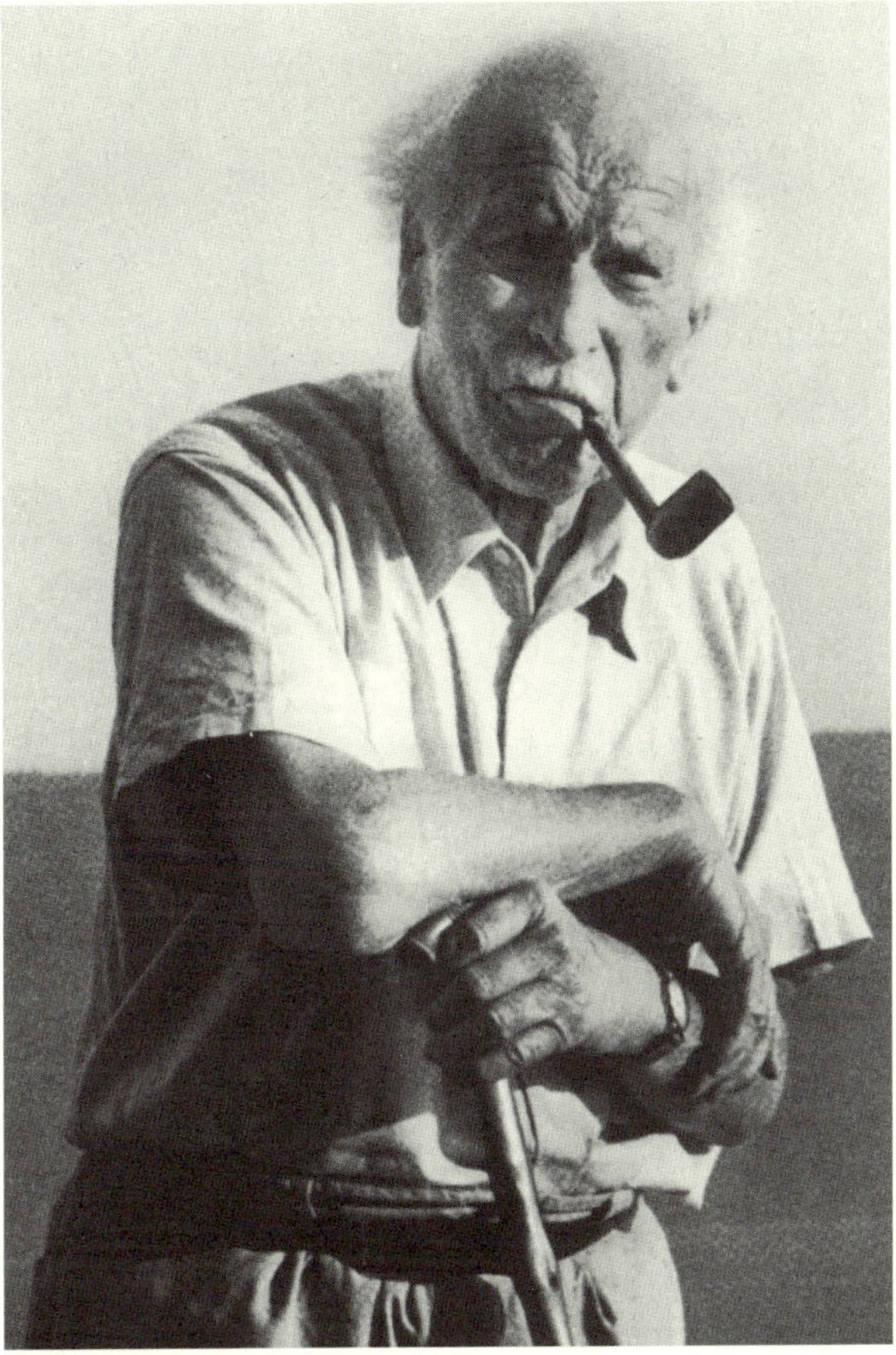

**写真2：ユング, C.G.**（1875－1961）
ヤッフェ, A.編　氏原　寛訳『ユング―そのイメージとことば』誠信書房　1995年より転載

り組んでみることにしたい。

ユングは一八七五年、スイスのボーデン湖畔ケスヴィルに生まれた。父は牧師であった。ユングの家系において目を引くひとつの特徴は、その家系に、「現世的・社会的能力」とならんで、いわゆる「『もうひとつの世界』『あちら側の世界』『死者・死の世界』『超現実的世界』への開かれ」という独特の傾向・能力の素地が明確に存在していたことである。例えば、母方祖父は、いわゆる霊界との交信能力を持ち、書斎には、亡くなった最初の妻がいつでも訪れられるよう、専用の椅子が用意されていた。さらに、二人目の妻（この人物がユングの母方祖母である）自身も透視能力を持っていたとされている。ユングは『自伝』の中で、自らの中には、「No.1」の人格と「No.2」の人格が存在していたと述べているが、このふたつの人格は、上記の家系的・遺伝子的なふたつの「傾向」に関連していると捉えてよいように私には思われる。ユングの言う「No.1」の人格とは、「学校生活とか職業活動といった、現世的でこの世的な事象とかかわる人格」と表現されうるものであるのに対して、「No.2」の人格とは、「過去の人類の遺産・自然界」「『神』の浸透する世界」「本質の世界」「夜と夢の世界」「血生臭い世界」「圧倒的でアーカイックなイメージに満ちた世界」とかかわる人格のことである。ユングの母エミリエもまた、ユングによって、ユングと同じように自身の中に「ふたつの人格」を有する人物として回想されている。一方の母は、「無害で人間的」であったが、他方の母は、「神秘的で薄気味悪かった」と描かれている。

ユングはバーゼル大学医学部を卒業後、一九〇〇年チューリッヒのブルグヘルツリ精神科病院で助手となった。今日「統合失調症」と呼ばれる患者の心理的背景について臨床的洞察を深め、多くの論文を発表した。一九〇五年にはチューリッヒ大学精神科講師になった。一九〇四年から一九〇五年の頃、ユングはチューリッヒ大学病院にて「言語連想実験」に精力的に携わった。ユングは精神科での臨床経験と「言語連想実験」から、人間の心の奥、すなわち無意識には「感情に深く色づけられた連想や記憶・イメージの集合」があることを見出して、これを「コンプレックス」と名づけた。一九〇九年にはアメリカのクラーク大学から講演のために招聘されることとなったが、招聘は、ユングのこの頃の「言語連想実験」を中心とする研究成果によるものであった。ちなみに、フロイトもまたユングとともにクラーク大学に招かれており、一九〇九年八月にブレーメンからアメリカに向かった二人は、その船上において互いの夢を分析するという、今日の私たちから見たら実に心躍らされる「時」をともに過ごしている。

ユングは一九〇〇年に公刊されたフロイトの『夢判断』を、公刊後すぐ、そして、一九〇三年に今一度読んで、自分自身の考え方と共通のものを見出した。一九〇六年にはユングはウィーンのフロイトに自著『診断学的連想研究』を送り、以後、一九一三年までの間、二人の間には手紙のやりとりが続いた。

ユングは『自伝』のプロローグを次のような語りから始めている。「私の人生は無意識の自己実現の歴史である。無意識の中に横たわっているものは、すべて、実際の事象となることを欲し、そして、パーソナリティも、その無意識的諸条件から自らを展開し、自らを全体性として経験することを欲している。私におけるこのような生成過程を叙述するのに、私は科学の言葉を使うことはできない。なぜなら、私は自分自身を科学的な問題として捉えることはできないからである。

人が内的な観点からするとどのような存在であるのか、そして、人間が永遠の相《そう》の下にどのような存在であると思われるのかということについては、私たちは『神話』をもってしか描くことはできない。『神話』は、科学より、より個人的であって、人生をより詳細に叙述することができる。科学というものは平均的概念と関わるものであって、個々の人間の人生の主観的な多様性に対応するにはあまりに一般的に過ぎるものである。」（Jung/Jaffe 1961 p.10 なお、『自伝』の本書における日本語訳は筆者大場によるものである。以下、同様。）

『無意識の発見』の著者エレンベルガー（Ellenberger, H.F.1970/1980）は、フロイトとユングにおける「創造の病」に言及している。フロイトもユングも、自ら神経症的、あるいは精神病的な状態に苦しんだが、その「病」との格闘こそが、それぞれの「心理学」を創造する源泉であったというものであって、フロイトにおけるその時期は、森先生が第一節で紹介された友人フリースとの文通を通して「自己分析」に没頭した時期である。すなわち、一八九七年から三年間ほどの間、『夢判断』の出版に至るまでの時期と言えよう。これに対して、ユングにおける「創造の病」の時期は、まさにフロイトとの決別を経た、一九一二年・一九一三年から一九一九年に至る時期と考えられる。ユング自身、『自伝』において、この時期の自身を内的不確実感におそわれ、方向喪失の状態にあったと形容している。ユングが『自伝』で語っているすべてを紹介することはもちろん全くできないので、本章では、『自伝』の中で「無意識との対決」というタイトルのもとに語られている、まさにこの時期にユングを襲った幾つかの夢・ヴィジョンを紹介・検討してみることとしたい。と言うのも、ユングはこの時期における自らの夢やヴィジョン、イマジネーションとの取り組みは、自らを通じてなされた「実験」であったと記しており、実は『自伝』のこの時期のより詳細な記録こそが、いわゆる『赤の書』に詳細に記録されているからである。『赤の書』とは、この時期のユングが自らの夢やイマジネーションを当初六冊の黒皮装丁のノートに書き留めていたもの

（『黒の書』）を、一冊の赤皮装丁の大きな（「全紙二つ切」の）『赤の書』に、伝統的装飾ドイツ文字で念入りに書き写し、しかも、そこに自ら描いたスケッチや描画、マンダラ画をも加えていったものであって、この『自伝』「無意識との対決」、そして『赤の書』には、その後のユングが生涯を通して展開することとなった心理学の基本的な視点がほとんど見出されると言ってよいであろう。『赤の書』の出版にはユング自身、長い間、躊躇していたが、その死（一九六一年）後、ほぼ五〇年を経過した二〇〇九年・二〇一〇年に、ユング家の了解のもとに、公刊されることとなった。(Jung 2009/2010)

ユングは一九一二年、フロイトと道を共にしなくなった頃から、自らの無意識がきわめて活性化し始めているのを強く感じることになった。同時に、『自伝』のプロローグでユング自身が述べていた「自ら自身の『神話』を見出す途上にある」という内的確信を感じていた。ユングは、活性化し始めた「無意識」に自らを委ねることを決意した。一九一三年十月、「一人旅をしていた時、突然、私はある幻影《ヴィジョン》に襲われた。ものすごい洪水が北海とアルプスの間にある北の低地の国々すべてを覆ってしまうのが見えた。洪水はイギリスからロシアまで、そして、北海沿岸からほとんどアルプスにまで達していた。洪水がスイスに及ぼうとした時、アルプスの山々が、まるで我々の国を護ろうとするがごとくに、より高くさらに高くなってゆくのが見えた。恐ろしい破局が生じていた。巨大な黄色い大波、水に漂う文化施設の残骸瓦礫、そして、無数の人々の死体が見えた。次には、海は血に変化した。幻影《ヴィジョン》はおよそ一時間続いた。私は混乱し、気分が悪くなった。私は自分の弱さを恥じた。」(Jung 1961 p.179) 二週間後、ユングは同じ幻影《ヴィジョン》に見舞われた。海が血に変容する有りさまはさらにひどいものであった。ユングはこのヴィジョンが自分自身に関連するものだと考え、自らが精神病に脅かされているのだと仮定した。

一九一四年四月～六月には、「ある夢を三度にわたって見ることになった。その夢というのは、夏の真っ只中だというのに、北極の寒気が襲ってきて大地を氷に化してしまうというものであった。例えば、ロートリンゲンのあたり一帯、そしてその水路がすべて凍ってしまうのが見えた。大地に人の姿はまったく見えず、湖や川はすべて凍りついていた。」(Jung 1961 p.179) 一九一四年七月末、ユングは英国医学協会から招待され、講演を行った。依頼された演題は「精神病理学における無意識の重要性」であった。ユングは何かが起こるだろうことを覚悟した。というのも、自分自身が上記のような夢やヴィジョンに見舞われている、まさにその時に「無意識の重要性」について話をしなければならないということは、「運命」のようなものと思われたからであった。八月一日、第一次世界大戦が勃発した。ユングは、自分自身の経験と集合性（すなわち、個を超えた集合的なもの）というものがどのように関わっているのか理解しなければならないと痛感し、自分自身について熟考することにさらに没頭した。

ユングの中で無意識が非常に活性化し始めた一九一三年秋以降に戻ってみることにしよう。「血の海」というイメージにも襲われる中で、ユングは自らの夢や幻影《ヴィジョン》、イマジネーションをできるだけ書き留めることに注意を払った。そして、その夢やイマジネーションの意味を理解する超人的な努力をした。ユングは精神科医であったので、人々が無意識の空想の餌食になってしまう危険があること、そして、それはどのようなことを意味しているかをよく知っていた。したがって、ユングは一方で、活性化してくる無意識に自らを委ね、自ら《下》へと下降しつつも、他方で、自分に訪れてくる、あるいは自分を襲ってくる無意識のイメージを書きとめ、その意味を理解することに最大限の努力を払った。活性化する無意識の餌食にならずに、何とか持ちこたえることができるかどうかは、ユングにとって実に命がけの問題であって、『自伝』のこの章をヤッフェ（Jaffé, A.）に語った時にも、その興奮はなお続いているかのようであったこと、ユングは、この章に、十年の歳月をかけたトロイ戦争からさらに十年をかけて無事故国に帰還することができた『オデュッセイア』からの、「死を免れることができた喜び」という言葉をモットーとするよう提案したとも記されている（Jung/Jaffé1961 p.180）。日常的・社会的な昼間の仕事・課題と取り組み続けること、前述のユングの『自伝』の言葉を使えば、「№１」の人格をも持ち続けることにも注意を払った。患者との分析を続け、家族との生活も意識して大事にし続けた。そのような慎重な配慮のもとで行なわれた「無意識との対決」について、ユングは「自分自身に対して行なった科学的実験であって、その結末に生き生きとした関心を持っていた」と回想しつつ、（『自伝』を物語りつつある現在から言えば）「私に対して行なわれた実験」（Jung 1961 p.179）であったとも語っている。ユングの自我・私が主語であるのか、無意識の方が主語であるのか、あるいは両方かもしれないというニュアンスである。

一九一三年十二月十二日。ユングは「机に向かって、再び、自分の抱く不安・恐れを熟考し、その後、《下降》した。それは、私の足元の床があたかも文字通りに崩れて、暗い深みへと引き込まれるような感じであった。私はパニックに襲われた。しかし突然、あまりに深すぎないところで、私は柔らかな粘着質の土の塊のところで立つことができて、とてもホッとさせられた。けれども、私はほとんど完全な暗闇の中にいた。少したつと、私の目は暗闇に慣れてきて、あたりは深い薄明という感じになった。私の前には暗い洞窟への入り口があり、そこに一人の小人が立っていた。彼は、皮でできているかのように見え、まるでミイラ化されているかのようであった。私は彼の横を通って狭い入り口へと突き進み、膝までの深さの、氷のように冷たい水の中を洞窟の出口まで進んだ。そこには岩棚があって、その上に赤く輝く水晶が見出された。水晶を手にとって持ち上げてみると、その下には空洞があった。初めは何も見えなかったが、最後には、深いところを流れる水を見つけることができた。死体が流れてきた。頭に傷を負い、ブロンドの髪の若者であった。一匹の黒い色をした巨大な黄金虫《スカラベ》が彼に続いた。それから、水の深みから、新しく生まれた赤い太陽が浮かび現れた。光に目が眩んで、私は、水晶石を再び開口部の上に置こうとした。すると、開口部には液体が押し寄せてきた。『血』であった。濃い血が噴出し、私は気分が悪くなった。血の噴出は耐え難いほど長く続くように感じられた。それはようやくのこと止まり、ヴィジョンが終わった。」(Jung 1961 p.182–183) ユングには、これが英雄・太陽神話、つまり、死と再生のドラマであることはわかっていた。「再生」は、エジプトの神聖「黄金虫《スカラベ》」によってさらに強調されていた。イメージの最後には新たな一日が始まるはずであった。ところがその代わりに生じたのは耐え難い血の噴出であった。「血」は暫く前の幻影《ヴィジョン》の「血の海」を思い出させた。このイメージをユングはこれ以上理解することができなかった。

六日後の一九一三年十二月十八日。ユングは夢を見た。「私は、茶色い皮膚の色をした一人の粗暴な見知らぬ若者と一緒に寂しい岩山にいた。日の出直前で、東の空は既に明るく、星々は消えようとしていた。と、ジークフリートの角笛が山を越えて響きわたった。そして、私は、我々は彼を殺害しなければならないことを知っていた。我々は銃で武装し、狭い岩の小道で彼を待ち伏せた。昇る太陽の最初の光線の中、突然、ジークフリートが山の稜線に現れた。死者の骨でできた車を駆って、彼はものすごいスピードで岩の斜面を走り降りてきた。彼がある角を曲がろうとした時、我々は彼を撃った。弾は彼に命中し、彼は倒れて、死んだ。」（Jung 1961 p.183）夢から覚めたユングは、夢の意味について考えてみたが、理解することはできなかった。そこで再び眠ろうとしたところ、声が聞こえた。「お前は夢を理解しなければならない。しかも、今すぐにだ！」「お前が夢を理解しないならば、お前は自分を撃たなければならない！」（Jung 1961 p.183–184）枕元のナイトテーブルには弾の装填された銃が置いてあったので、ユングは不安を覚えた。そこで、ユングは再び夢について考え始めた。不意に、夢の意味が明らかになった。《そうだ、これは今世界で起こっている問題だ。》ジークフリートは、ドイツ人が実現しようと欲していること、つまり、自分の意志を英雄的に押し通すことを表している。《意志のあるところ、道あり！》と。ユングは実は自分自身も同じことをしようとしていることを理解した。夢は、ジークフリートという英雄によって象徴される姿勢が、もはやユングには適切ではなく、したがって、「殺害」されなければならないことを表しているのだった。英雄ジークフリートとのユングの密かな同一化には終止符が打たれなければならなかった。なぜなら、自我の意志より、より高次のものが存在し、それに対して人は頭を下げねばならないからである。

ユングの「無意識との対決」の時期とは、ユングが三七・三八歳から四四歳の頃にあたる。ユングが後年「人生の午後」、あるいは、「個性化の過程」「自我と自己（セルフ）」といった概念を展開することになる、その源泉はユング自身の「無意識との対決」の時期に由来していたことが理解される。あるいは、既述の夢の中の「茶色い皮膚の色をした一人の粗暴な見知らぬ若者」は「影（シャドー）」という元型の最初のイメージと理解できよう。ここではこれ以上紹介できないが、ユングはさらに、自身アニマイメージと表現することになるさまざまの女性像とも遭遇することになる。当時を振り返って、ユングは語っている。「無意識から圧倒的な力をもって私にメッセージがやってきた。そのイメージは私にだけに関わるのではなく、他の多くの人々にも関わるものであった。私がもはや私自身だけに属することは許されないということが始まった。この時から、私の人生は一般に属するものとなった。」（Jung 1961 p.195–196）

## 文献

第一節
Freud. S.（一九六八～一九八四）：井村恒郎、懸田克躬、小此木啓吾他（訳）フロイト著作集　人文書院。
小此木啓吾（一九七三）：フロイト―その自我の軌跡　NHKブックス。
小此木啓吾（二〇〇二）：フロイト思想のキーワード　講談社現代新書。
第二節
Ellenberger, H.F.(1970)：The Discovery of the Unconscious. -The History and Evolution of Dynamic Psychiatry. Basic Books Inc.（一九八〇）木村敏・中井久夫（監訳）無意識の発見（下）弘文堂　三〇三頁。
Jung, C.G.(1961)：Erinnerungen, Träume, Gedanken von C.G.Jung. Aufgezeichnet und herarusgegeben von Aniela Jaffé. Rascher Verlag：Zürich.(1971) Walter Verlag：Olten.
Jung, C.G.(Hrsg.) Shamdasani, S.(2009)：Das rote Buch. Stiftung der Werke von C.G.Jung. Philemon Series.（二〇一〇）河合俊雄（監訳）赤の書　創元社。

## 《本章のテーマについてさらに深く学びたい読者に勧めたい参考文献》

Ellenberger,H.F. (1979)：The Discovery of the Unconscious. -The History and Evolution of Dynamic Psychiatry. Basic Books Inc.（一九八〇）木村敏・中井久夫（監訳）無意識の発見（下）弘文堂。

Jung, C.G.(1963)：Memories, Dreams, Reflections by C.G. Jung. Recorded and Edited by Aniela Jaffé. Pantheon Books.（一九七二―一九七三）河合隼雄・藤縄　昭・出井淑子（訳）ユング自伝１・２　みすず書房。

Masson, J.M. & M.Schröter (1986)：Sigmund Freud, Brief an Wilhelm Flieβ 1887–1904. Fischer Verlag：Frankfurt am Main.（二〇〇一）河田晃（訳）フロイト　フリースへの手紙　1887―1904　誠信書房。

小此木啓吾・河合隼雄（一九八九）：フロイトとユング　レグルス文庫　第三文明社。

# 2 精神分析のなりたち

森　さち子

**《目標&ポイント》** 百年余り前に、ジークムント・フロイトによって創始された「精神分析」は、その後発展を遂げながら、我が国の心理療法の理論と実践に現在なお、多大な影響を与えている。フロイトが患者の内面に耳を傾け、さらに夢をめぐる自己分析を通して見出した無意識の世界、その方法としての自由連想、そして「精神分析」を形作った重要な概念を中心に取り上げる。

**《キーワード》** フロイト、無意識の発見、自由連想、エディプス・コンプレックス、夢

## 〈はじめに〉

十九世紀末、フロイトが開業医として臨床を始めた頃、理解しがたい病に悩む若き女性たちに出会った。彼らは、これといった医学的所見が得られないにもかかわらず、劇的に現れる四肢の痛み、動悸、歩行困難などの身体症状に悩まされていた。また奇妙な匂いへのとらわれなど、捉え難い感覚に苦しんでいた。彼らの心の声に耳を傾け続ける過程で、フロイトはやがて、彼らが自分のものとして受け入れることができずにいた欲動、当時のウィーン社会において倫理的にタブー視されていた心の奥深くにしまいこまれていた願望に出あう。

一方、フロイト自身、自分の内的な体験に常に真剣に向かい合っていた。とりわけ、最愛の父親の死をほんとうの意味で受けいれることは、容易なことではなかった。フロイトは、その喪失体験を契機に印象深い夢を次々に見るようになる。それらの夢の分析は、友人フリースに宛てた手紙の形式で行われた自己分析によって深まっていった。

こうして、神経症患者たちの治療体験と自己分析体験、この二つの体験過程が、フロイトを無意識の世界に導いた。そして、その体験を礎に、精神分析は形作られていく。

なお、本章はフロイト著作集を基盤に置きながら、「フロイト―その自我の軌跡」（小此木）および「フロイト思想のキーワード」（小此木）に依拠して、まとめと考察を行う。

## 第一節　無意識の発見

フロイトの最も斬新な功績は、人の心をめぐって「意識」の領域では説明することができない世界、つまり「無意識」の世界に光をあてたことである。ここで強調しておきたいことは、フロイトの言う「無意識」とは、実は、抽象的なものではないということである。フロイトが発見したのは、静的なもの記述的なものではなく、むしろ動きあるものであった。言い換えれば、心の中にわきあがるものを意識にのぼらないように押え込むというような葛藤的な動き、つまり心の力動である。ここにフロイトの着眼点の独自性がある。

無意識の世界で起こっている心の動きは、日常の言動、精神的な状態に大きな影響を与えているにもかかわらず、意識されないような心の過程である。しかも、無意識の領域で生じている力動は、意識しようとしてもなかなか気づくことができない。本人以外の人が、それを気づかせようとしても、なおさら難しいことである。なぜ、意識化することが難しいのであろうか。それは、意識にのぼると、都合が悪いからである。あるいは、自分の中にそのような気持ち、願望、思いがあることを自覚することは、とても苦痛なためである。だから、そのような気持ちを意識しないですむように、意識する自己を守るために、「抑圧」という心の防衛が動き出すのである。こうした抑圧する力と抑圧されているものの力のぶつかりあい、その葛藤を、フロイトは力動的な葛藤と呼んだ。抑圧の力が強ければ、人は無意識に押し込めた、自分にとって受け入れ難い気持ちに気づかないですむ。

フロイトの「無意識の発見」とは、このように抑圧するものと抑圧されるものとのぶつかりあい、そこで生じる心の葛藤に気づくことが出発点になっている。

ここでフロイトの有名なヒステリーの患者、エリザベートの臨床例を挙げたい。フロイトの治療を受けてエリザベートは、最終的に、身体症状に置き換えられていた心の葛藤に気づく。

エリザベートは自分の愛する姉の夫である義兄に恋心を抱き、無意識のうちに、「(病弱だった)姉がもし死んだら・・・」という思いを抑圧していた。やがてほんとうに病気で姉を亡くしてしまう。そして姉の遺体を前にして、義兄と二人きりになった時である。あれほど慕っていた姉が亡くなったにもかかわらず、自分の心の中に、突然「これでお義兄さんと一緒になれるんだわ」という思いが一瞬ひらめいた。それと同時に、エリザベートは、瞬間浮かんだそのひらめきを抑圧して、意識の外に追いやってしまう。すると、突然、彼女の足は麻痺し、激しい痛みのため歩くことができなくなってしまった。

エリザベートは、フロイトの治療を受けることによって、その瞬間、稲妻のようにひらめいた

「これでお義兄さんと一緒になれる」という思い、そして最愛の姉の死を一瞬でも喜んだ自分の不道徳な邪悪な心を、だんだんに意識にのぼらせていく。つまりいったん抑圧した報われることのない恋心、その願望を意識化し、さらに自分の言葉で語れることができるようになっていく。そこで、抑圧された願望や罪の意識の置き換えとなっていた足の痛みが消失していく。

そのエリザベートの気づきを支え続けたフロイトの精神分析治療の基盤となる考えとは、次のようなものである。症状を起こしているのは、エリザベート自身の道徳心の問題である。そしてエリザベートの道徳心が全力を挙げて、自分の中の正直な願望を認めることを妨げようとしている。もっと勇気をふるって、この心の現実を自分の罪として認めることによって、エリザベートの足の痛みは消え、自由に動かせるようになる。

この実際のエリザベートの症例を通して、意識にのぼろうとする願望の力と、その願望を抑圧しておこうとする力の力動的葛藤のありかたとして、あらゆる心の現象を理解すると、フロイトが「無意識」という言葉を用いた、その真意に近づくことができる。

そして治療者フロイトが患者に期待していたのは、さまざまな気持ちを抱えるようになることであった。言い換えれば、心の容れものが豊かになり、どんなに苦痛で堪え難いことでも、無意識の領域に追いやってしまわず、抑圧しないで、その苦痛に耐えられる心をもてることであった。

## 第二節　自由連想

「自由連想」は、精神分析の第一基本規則と言われている。精神分析で営まれる最も基本的な方法は、その「自由連想」を用いた自由連想法である。この方法は、フロイトが精神分析を創始して以来、現在もそのまま受け継がれている精神分析の本質にかかわるものである。この方法の前身は前額法である。フロイトは、初期の頃、患者の額に手を強く押し当てて、忘れられている記憶を思い出させるやりかたを試みていた。忘れ去られた思い出を半ば強制的に思い出させるようなかかわりである。そしてその際、「こうしてずっと押さえている間に、思い出が心象となって目の前に見えたり、ふと頭に浮かんだりするはずです。思い浮かんだものを、たとえそれがどんなことであろうと、必ず話してください」と伝える。しかし、ある患者は、そのようなやりかたが返って、自由に思い浮かんだことを話せなくなると訴えた。その率直な申し出に着眼点を得て、自由連想法が生まれた。

それは、心の中に浮かぶことをそのままに語ることを求める。心に浮かんだどんなおかしな内容も、どんなに不可解な感情や突飛な願望であっても、どんなにたわいのない空想も、そして分析者に対してどんなにひどいこと、失礼なことでも、とにかく率直に語ることが要求される。そこでは、クライアントが心の真実を語ることが究極的に求められる。心に真摯に向かいあうクライアントの誠実さが問われるのである。この方法はフロイトが大切にしていた信条と深くかかわってい
る。科学的精神を心の探索にも敷衍したフロイトは、精神分析が真実の上に立つものととらえていた。精神分析的状況の中でクライアントもセラピストも、共にクライエントの心の真実に近づくために、作業同盟を築くのである。

実際の自由連想は、どのような構造で行われるか。フロイトの編み出した構造は、寝椅子（カウチ）に、被分析者が横たわり、その頭部のサイド後方に位置するあたりに、分析家は座り、分析者の自由連想に耳を傾ける。基本的には毎日分析といって、週に四回か五回、一回五十分の時間、自

由連想法を行う。

精神分析には、もう一つの規則がある。それは、禁欲規則と言われる第二基本規則である。フロイトは、精神分析療法とは、可能な限り禁欲のうちに行われなければならないとし、厳格な禁欲規則を被分析者だけでなく、同様に分析者にも課す。クライアントが心に思い浮かぶことはなんでも自由に語ってもらう。しかし、どんな願望が浮かんでも、それを行動に移してはならないという約束事である。さらに治療の中で満たされない願望や欲望をセラピスト以外の人物との間で満たしてはならない。それらを行動化と言う。

このように、二つの基本規則は切り離すことのできない対になっているのである。

こうした設定のもとで営まれる面接過程の中で、自分の自由連想に耳を傾け続けてくれるセラピストに特別の感情がわいてくる。たとえば、かつての重要な依存対象との間で体験した感情に近いものが賦活されるかもしれない。そうしたときに、大人として社会生活を営んでいる普段の精神状態が保てなくなり、幼い頃の精神状態に戻って、子ども返りする。そうした心の状態を退行と呼ぶが、その退行した状態の中で、セラピストに甘えたい気持ち、愛されたい気持ちなど、何かを満たしてほしい欲求が強まり、それを実際にセラピストに求めたくなるかもしれない。そのときに、禁欲規則が発動する。つまり、そのような気持ちになっていることを自由に語ってもらうが、実際に行動の形で甘えや愛情を満たすことはできない。被分析者はそれを口にはしても行動に移せない。同時にセラピストも、いくらせがまれてもそれを許容してはならない。それは、両者が守る規則なのである。

精神分析的治療構造の中で、自由連想をするうちに退行して解放されるさまざまな願望、しかしそれらは満たしてもらえない。非常に逆説的な状況にクライアントは身を置くことになる。そこで生じてくるセラピストへの不満や怒り、あるいは不安感、孤独感、そうした情緒を実感し、自分の中におさめていく、すなわち内的に受け入れていく過程が、精神分析治療とも言える。

フロイトの開発した、いわば純粋な精神分析では、自由連想法は寝椅子を用いて、週四、五回、何年間にもわたって行われる。我が国において、寝椅子を使って毎日分析を行う精神分析家もいるが、実際のところ、国際的な資格をもって行っている精神科医並びに臨床心理士はそれほど多くない。むしろ基本的には週一回五十分という時間的構造の中で、精神分析的理解に基づいて行う心理療法が多い。その場合、寝椅子は使わずに九十度の角度、あるいは百八十度対面式で、両者ともに椅子に着席して行う。いわばフロイトの行った自由連想法を純粋な精神分析と言うなら、精神分析的観点に基づいて、自由連想を用いた週一回の対面法を精神分析的心理療法と言う。

## 第三節　エディプス・コンプレックス

父、ヤーコブの死を契機に、フロイトが友人フリースとの手紙を介した交流の中で考察された自己分析が精神分析の成り立ちに深くかかわっている。まさにこの自己分析の中でエディプス・コンプレックスは発見されたのである。フロイトは後に、その臨床体験から、また文学、芸術作品が人々に与える影響から、この個人的な体験が自分だけに特有のものではなく、人々に広く共通の内的な葛藤であるという確信を得る。さらにその考察を押し進め、人種の違いを越えて普遍的テーマであるという観点から、やがて文化、芸術、宗教論を発展させていく。その後の理論的展開において、フロイトの鋭い観点の拠り所、いわば洞察の源流は、エディプス・コンプレックス論と言っても過言ではない。

エディプス・コンプレックスとは、何か。その基本的な主題は三つの要素からなる。第一に、異性の親、息子なら母親、娘なら父親に対して抱く、性愛的な願望、すなわち近親姦願望。第二に、同性の親、息子なら父親、娘なら母親に対して抱く、競争心、憎悪、すなわち親殺しの願望。第三に、それらの願望に対する罪悪感、罰せられる不安（＝去勢不安）。

以上の三つの感情の複合体がエディプス・コンプレックスである。これらの感情は、フロイトが最愛の父親を失った哀しみの中で、すなわちその喪の作業の過程で見出された。フロイト自身が自分の内面に向かい、深く自己洞察することによって到達し得た実感であった。その途上で、幾度もの内的な抵抗を覚えながら、フリースとの交流に支えられて進められた。それは、とても衝撃的な心の現実であった。母親に対して特別の性愛的な感情を抱いている自分の自覚、敬愛していた父へのすさまじい敵対心の気づきに至るまでの道のりは、フロイトにおいてもたいへんなことであった。そうした感情を受け入れることは苦痛であるために受け入れ難い感情は無意識の領域に抑圧され、封じ込まれていた。そうした感情を意識にのぼらせるには強い抵抗も生じたが、いったん自分の中に認められるようになると、それは同時に強い罪悪感を引き起こすことにもなった。

このきわめて個人的な、複雑な感情は、自分ひとりのものではなく、むしろ人種を越えて世界の人々の心の中にある願望と罪悪感である。フロイトがこの認識に到達したときに、エディプス・コンプレックスが発見されたのである。フロイトが人類に普遍的な心のテーマであると確信する拠り所となったのは、ギリシャのソフォクレスの戯曲「エディプス王」の悲劇であった。その中にその三つの要素を見出したフロイトは、この複雑な感情を、エディプス・コンプレックスと称した。

エディプス・コンプレックスという概念の生成過程は、まさに精神分析らしい。このように一人の心の体験を出発点にしながら、個人を越えた普遍的な視座を得て、そこから人の心の体験を理解していくのが、フロイトの創始した精神分析である。

フロイトは、どのように自分の心の奥深くにエディプス・コンプレックスを見出したのだろうか。それは、四十代のフロイトが科学的見地に立って、自分の心を探究した二年間にわたる心の苦闘の末の洞察であった。

一八九六年、フロイトの父が八十一歳で亡くなった。フロイトが四十歳の時である。その三か月後、フロイトははじめて近親姦の夢を見ている。父の死と近親姦の夢、この二つの衝撃的な出来事が、フロイトを自己分析の道に導いた。親友フリースとの文通を介した自己分析の過程で、患者が自由連想の中で語った願望に、自分の体験を重ねた。そしてフリースに、神経症の中核的な要因は両親に対する敵対的な衝動であり、それは息子ならば父親に、娘ならば母親に向けられると、書き送っている。さらに、心の奥にしまいこまれた自分の願望を語ることに大きな抵抗を感じながらも、フリースとの間でそれを乗り越え、幼少期の記憶をたどる。すると、幼児期に自分の母が裸でいるのを見たときに感じた性的な興奮の記憶がよみがえる。そして自分も母への愛着と父への憎しみを抱いたことがある事実を、やがて認めるようになっていく。

実は、父ヤーコブの三人目の妻、アマーリエは若かったので、小さい頃のフロイトは、父とカップルになるのはばあや、母とカップルになるのは、年の離れた異母兄のエマニュエルであると思い込んでいた。父親をおじいちゃんと見なして、尊敬の念を抱いていた。このように父親との間で母をめぐる競争を意識することのなかったフロイトであったが、心の奥底に、実は父と母だけが寝室を共にし、自分はいつも追い出されるという根源的なエディプス的なテーマの記憶がずっとしまいこまれていたのである。

やがて父の死を契機に深められた夢の自己分析を通して、フロイトは、自分が心底、敬愛していた父に対して抱いていた、無意識の死の願望、言い換えれば、父を亡き者にして、その父に自分がとって代わろうとする願望を自分の中に認めるようになっていく。

次に紹介するようないくつかの夢が、フロイトの自己分析の大きな助けになった。フロイトは、父親の葬儀に、理髪店で待たされて遅刻してしまった。大事な父親のお葬式に自分が遅れてしまったという事実を悔やんでいた。そのことをめぐって、父の葬儀の後の夜に見た夢が報告されている。それは、掲示板のようなものに「目を閉じてください」と書いてある夢である。しかし、この夢を思い出そうとしたフロイトは、その掲示板に、「両目を閉じてください」と書いてあったのか、それとも「片目を閉じてください」と書いてあったのか、はっきりとわからなくなってしまった。もし「両目を閉じてください」と書いてあるなら、「安らかに永眠してください」という意味になる。ところが、ドイツ語で「片目を閉じてください」という言葉は、「(失敗を)見逃してください。大目に見てください」という意味になる。もし後者であるなら、フロイトが、亡き父に「大目に見てほしい」という気持ちを抱いていたことが推察される。つまり、このように分析していくと、この夢は、フロイトの父親が亡くなるということをめぐって、何らかのうしろめたい気持ち、罪悪感を抱いていたことがうかがえる。

この夢の深層には、理髪店で待たされて葬儀に遅れてしまったことで、自分を責める気持ち、つまり意識の領域で自覚できること以上の、もっとおそろしい罪悪感を感じるような、何かが隠されていたのである。この夢に暗示されるように、その後、「トウーン伯爵の夢」「生きなかった夢」など、自分と父との関係を示唆する夢を丹念に分析して最終的に得た洞察が、父親の死を望む願望だったのである。

異性の親への愛着、同性の親への敵対心、そしてそれらの気持ちに対する罪悪感といった心のテーマを、フロイトはギリシャ神話の中に見出した。ソフォクレスが「エディプス王」の悲劇として戯曲化したその物語とは、次のような展開である。

テーバイの王ライオスは、妻イオカステとの間に生まれてくる息子は、父親を殺すという神託を受けていた。しかし、イオカステに男の子が生まれてしまう。この男の子がエディプスである。神託を恐れたライオスは、この生まれたばかりの乳児を山麓に捨てて死ぬにまかせるように家来に命じた。しかし羊飼いがその乳児を救い、コリントのポリュボス王のところに連れてゆき、王はその乳児を養子にして育てる。やがて青年になったエディプスが旅に出る。その途上、ある十字路で、実の父親ライオスと遭遇する。しかし、互いにその事実を知らず、道の譲り合いから喧嘩になり、エディプスは父親と知らずにライオスを殺害してしまう。エディプスは、次にスフィンクスと出あう。スフィンクスはテーバイへの道をふさいで、旅人を脅かしていた。旅人に謎を出し、解くことができないと殺していた。ところがエディプスがその謎を解いたために、スフィンクスは屈辱から自殺する。テーバイの人々はスフィンクスを退治したエディプスに感謝し、エディプスをテーバイの王として迎え、彼をイオカステと結婚させた。ところがテーバイに悪疫が流行し、神託によれば、ライオス殺しが悪疫の原因であるという。そこでエディプスは犯人探しをしてテーバイを救おうとする。犯罪者を明らかにする過程で、実は自分自身がライオスを殺した張本人であり、しかもライオスは実の父であることを知る。さらに母親と近親姦の罪を犯していたことを知るのである。その事実が明らかになり、イオカステは首を吊って自死し、エディプスは、イオカステの使っていたブローチで自らの目をえぐって、盲目の放浪者となり、アテナイで死ぬ。以上がエディプスの物語のあらすじである。

こうしてフロイトは一連の自己分析と、他の人々の夢を素材として、エディプス・コンプレックスを精神分析における重要な概念として位置づけたのである。さらにソフォクレスのエディプスの悲劇を見る観客が深く心を揺り動かされるのは、人々がそれぞれ自分の内面にエディプス・コンプレックスを抱えているからこそであると考えた。

## 第四節　夢は無意識への王道

心の無意識の世界に足を踏み入れるには、いろいろな入り口がある。フロイトがいみじくも、「夢は無意識への王道」ととらえていたように、夢はその一つの重要な道筋をつくってくれる。とりわけ、夢を用いた自己分析は、フロイト自身が身をもって経験したように、心の抵抗の壁を乗り越えることさえできれば、無意識の世界をもっとも身近に実感できるアプローチである。フロイトは夢解釈の方法を確立したとき、自分の成し遂げた功績がどれほど大きな価値があるかを確信していた。

一九〇〇年に刊行された『夢判断』で、夢に関する学説と、夢を解釈するための方法論をまとめた。フロイトは寝ている時にも働いている心の作用を「夢の仕事」と呼んだ。

では、フロイトは、どのように夢を理論的に体系づけたか、そのエッセンスを次に紹介したい。

夢は本来、睡眠中の精神活動である。人は眠りに入ると、起きているときの心の働き、活動性が低下する。そこで、無意識の領域が意識の領域にとってかわる。その意識過程から無意識過程への移行を「退行」と呼ぶ。意識過程が退行した中で、無意識過程が優勢となる。そして無意識的なものがそのままの形で意識にのぼろうとする。しかし、無意識過程のものがそのまま生々しく意識化される前に、その表象は検閲にかかる。つまり、そのままに意識化されると自我を脅かすような内容は、禁止を受けるのである。検閲が入ることによって、夢は変形して、意識しても不安が強くならない程度に加工される。これが「夢の仕事」である。加工される以前の夢の内容は潜在思考である。そして加工され、夢として意識される夢の内容を顕在夢という。夢を見て思い出せる内容は顕在夢であって、実は夢の仕事によって無意識の領域で動いていた潜在思考は変形されているのである。つまり、夢の潜在思考は、検閲作用によって、無意識的な願望、欲動、思考をそのままの形で意識されないように抑圧を加えられているのである。こうした無意識の葛藤を解決するために、移動・圧縮・劇化・象徴化などが動き出すのである。

本来、夢は、無意識世界の願望充足を意味している。しかし夢の仕事によって加工されているので、夢を見た後にその意味をたどろうとしても、意味を読み取ることは難しい。その意味のあいまいさについて、ある解読方法を身につければ、その無意識的意味を理解することができるとフロイトは考えた。そこでとられる方法が、個別的方法と言われるものである。一つの夢の中にある一つ一つの要素それぞれについて、その本人の自由連想を促す。そしてそれらの連想の流れを最終的に再構成してゆく方法である。一方、古来より夢占いなどにみられる類型的な方法も用いる。それは、夢の中の要素を象徴としてとらえ、一般的な象徴解釈をあてはめていくアプローチである。フロイトは、夢の顕在内容に一定の定型性を見出して、次のような例を挙げている。男性を象徴する表象として、ネクタイ、帽子、街灯、蛇、部屋を開ける鍵、女性については、かたつむり、貝、白い下着、リンネル、木材、紙といった原料、子どもや兄弟姉妹については小動物や害虫、誕生については、水中への墜落、自らはい上がる、人を水難から救ったり、自分が救われる、死については、旅立ち、鉄道旅行等々である。

このように、夢解釈には、個別的方法と類型的方法があるが、とくにフロイトがユニークな夢解釈として重視したのが、個別的な方法である。一人一人の体験過程に即して、自由連想に基づいて、夢に現れたその無意識的な意味を理解していくことに価値を置いた。現代フロイト学派は、そのフロイトの考えを本質的に受け継いでいる。つまり夢を別個にとりあげて夢解釈を行うというよりも、むしろそのセッションの中に流れる自由連想の中の一つとして位置づけてかかわっていくのである。

## 〈おわりに〉

精神分析草創期、フロイトは科学的世界観に立って、患者だけでなく、自分の心の暗闇の世界に真摯に立ち向かった。本章では、その軌跡のほんの一部を取り上げている。フロイト、そしてフロイトの創始した精神分析は、しばしば難解な技法、原則に厳しい方法、性的に偏った理論などの印象を与える。第1章のフロイトの紹介に続き、本章が第3章以降への精神分析の世界への誘いとなればと思っている。

## 文献

Freud. S（井村恒郎、懸田克躬、小此木啓吾他訳）（一九六八～一九八四）：「フロイト著作集」人文書院。

小此木啓吾（一九七三）：「フロイト―その自我の軌跡」NHKブックス。

小此木啓吾（一九八九）：「フロイト」講談社学術文庫。

小此木啓吾（二〇〇二）：「フロイト思想のキーワード」講談社現代新書。

# 3　精神分析における心の発達論

森　さち子

《**目標&ポイント**》 精神分析における心の発達論は、フロイトの精神―性的発達論を基点に、現在も生成し続けている。そしてフロイト以後、現代に至るまで数々の心をめぐる発達論、発達観が展開している。ここでは代表的な発達論を紹介しながら、精神分析的心理療法の実践につながる、それぞれのユニークな観点について言及する。

《**キーワード**》 精神―性的発達、発達ライン、漸成説、ポジション、分離―個体化、自己感

## 〈はじめに〉

人の心は、身体の成長に密接に結びつきながら発達していく。その心身の発達過程において、それぞれの時期に、特有の発達課題がある。あるいは、その時期に目覚ましく発達する心身のテーマがある。また身体的成長が終わった時期、つまり成人に達してもそれ以降、青年から老年期にわたるまで人間の一生を視野に入れて心身の重要なテーマを詳細に扱う、ライフサイクル論に基づいた観点もある。

発達のある段階で、なんらかの理由で精神的な成長がとどおったり、つまづいたりしたときに、人は再び、健全な発達の道筋に戻れるか、それともそこから逸脱が生じるか。

発達の危機をうまく乗り越えることができなかった場合、それは神経症を引きおこす誘因になるかもしれない。あるいは、もっと深刻な精神症状や精神病理に発展することもありうる。その時期特有のテーマをどのように生きぬくかをめぐって、精神分析では様々な発達観にもとづいた種々の理論がある。臨床的実践に基づいて理論化された、代表的な心の発達論を紹介する。

## 第一節　精神–性的発達論、そして発達ライン

フロイトは、乳幼児が成長するにつれ、身体の特定の部位の感覚が敏感になることに注目した。もっともフロイトらしい着眼点は、乳幼児に性的な衝動、すなわちリビドーを見出し、そのリビドーの発達の推移を重視したことである。このリビドー発達が、その後の精神生活を支配する無意識的な動因となるという理論を、一九〇〇年代はじめに展開した。リビドーの源泉となる身体部位として、口・肛門・性器をあげて、これらの部位への関心やその満足には一定の発達の順序があると考えた。そしてそれぞれの発達段階に対応する快感部位、充足の目標、充足の対象があって、それらがセットになって一緒に成熟するとした。その観点から、乳幼児のリビドー、性的快感をめぐる発達の流れにそって、人格発達を次のように図式化した。

口唇期

乳児は栄養摂取のため、出生直後から乳を吸う。その時の口とその周辺をめぐる感覚が中心となる。欲求充足的な一体感の中で得られる快の感覚は、生命維持すなわち自己保存本能と結びついて発達する。逆に空腹や口の乾きは不快や苦痛な感覚として体験される。吸うことによって体験される快感はきわめて自体愛的である。しかし、しだいに乳児はミルクをくれる養育者への愛着を抱く

ようになり、自体愛から対象愛へとリビドーの対象が広がっていく。

肛門期

一歳半頃になると肛門とその周辺の感覚が発達し、排泄に伴う快感が体験されるようになる。さらに肛門括約筋が発達し、排泄時に自分のコントロールを利かせることもできる。その際、大便をして保護者を喜ばせる、あるいは大便をしないことによって保護者に逆らうなど、排泄をめぐって依存対象と喜びを分かち合ったり、またかけひきも生じる。この頃に、「うんちをした／していない」と、はじめての「うそ」も認められる。

男根期／エディプス期

三歳から五歳ぐらいになると、偶然得た刺激によって子どもは性器の快感に気づくようになる。そして性器に関心をもつようになると共に、性別を認識できるようになる。この時期、高まる性に対する好奇心やマスターベーションに対する親の禁止が、性をめぐる罪悪感につながる。この時期の子どもに、エディプス的なテーマが現れる。つまり、異性の親への性愛的願望、同性の親への競争心、それらの気持ちへの罪悪感もしくは処罰不安が強まる。この時期までの子どもの欲動を幼児性欲と言う。

潜伏期

学童期に入ると、幼児性欲の発達はいったんおさまり、安定期を迎える。この時期に関心は両親から仲間に移り、指導者への同一化や理想化が生じる。

性器期

身体的に成熟し思春期を経て成人になると、口唇期・肛門期・男根期／エディプス期の衝動が、異性間の性器的結合によって統合される。精神的な愛情と身体的な性器的結びつきが達成される段階に入る。

これらの発達のある段階で、体質的な要因や外傷的なできごとによって、リビドーの発達が阻害された場合、その時期を固着点と呼ぶ。そしてどの段階でリビドーの固着が起こったか、その固着点が後の性格発達に重大な影響を与えるとした。また人生でなんらかの挫折が起こったときに、あるいは心理療法の中で、セラピストとの間で乳幼児期の心性が活性化されてきたときに、かつてうまく乗り越えることのできなかった固着点のテーマに精神状態が戻ってしまうことを退行するという。このようにフロイトの精神―性的発達論は、発達・固着・退行モデルを実際の治療論と結びつけて体系化された。

フロイトの娘、アンナ・フロイトは、フロイトの「リビドーの発達」に、社会的環境との相互作用を営む「自我の発達」を統合した。それは、一九六〇年代に、四つのラインに整理された。

第一のライン

身体的に未熟で依存的な乳児が、母との一体感から対象恒常性、アンビバレントを体験できるようになり、身体的にも情緒的にも成熟した大人に至る。

第二のライン

摂食行動、排泄行動、身体管理をめぐって、完全な依存から身体的な自立に至る。

第三のライン

対象世界において、完全な自己中心性から、他者を認め、仲間意識を抱くに至る。

第四のライン

リビドーの向かう対象が、指しゃぶりなど自分の体を使った自体愛的なものからやわらかい玩具、遊び道具へと移行し、そしてゲームを楽しめるようになる。さらに遊べる能力が仕事をする能力へ至る。

以上の四つの発達ラインは、社会的な発達も含めた子どもの発達の全体をとらえる助けとなるので、「発達プロフィール」として、臨床的に用いられている。

## 第二節　漸成説―ライフサイクルの八段階説

フロイトの精神―性的発達論は、リビドーの発達に沿って個体内の心理発達に注目した。エリック・エリクソンは、フロイトの心理・性的な発達の図式化に、心理・社会的側面を加えた。言い換えれば、対人関係の場や心理社会的な事象と発達を関係づけているところに、フロイトの精神内界を中心とした発達論とは異なる特徴がある。しかもエリクソンは、誕生から死に至るまでの人の一生、すなわちライフサイクル全体を見据え、一九五〇年代にそれを八つの発達段階にまとめ考察した。次に示すように、それぞれの段階に、それぞれの心理・社会的な発達のテーマがある。

乳児期（口唇　感覚期）　基本的信頼感　対　不信
幼児期（筋肉　肛門期）　自律性　対　恥と疑惑
児童期（移動　性器期）　自発性　対　罪悪感
学童期（潜伏期）　勤勉性　対　劣等感
思春期青年期　アイデンティティ　対　役割混乱
成人期　親密感　対　孤独

壮年期　　　　　　　　世代性　対　停滞
老年期　　　　　　　　自我の統合性　対　絶望

この漸成説の中で、エリクソンは独自の発達観を展開している。それは段階的に建設的・肯定的側面と否定的側面が対の形で示されているように、発達の否定的な側面も含み込みながら、危機的なバランスが変化、統合されていく発達過程である。さらに、このライフサイクル論において、親密性や世代性を位置づけることによって、世代から世代へのつながりに認識が広がった。この観点は、臨床上、クライアントとクライアントを取り巻く家族の状況を把握する際にも有用である。それぞれの家族成員が、どのライフサイクルの段階にあり、それらがどのような相互作用を形作っているかを理解する座標軸にもなっている。

## 第三節　心のポジション（態勢）

メラニー・クラインは、フロイトの理論を基点としながら、一九二〇年代から乳児の情緒発達を詳しく研究し、独創的な理論を生み出していった。人生最早期の心のありかたに注目した発達論を展開し、対象関係論を創始した。ここで、発達の推移を段階とか時期という言葉ではなく、ポジション（態勢）と名づけたのは、クラインの次のような考えに基づく。

乳児期早期に体験される特有な不安や情動とそれにまつわる対象関係と防衛機制のありようは、その発達段階だけにとどまるものではない。それは成人の心の中にも存続していくものである。つまり、乳児期に体験される対象関係は、大人になっても保持されている。そこでポジションという概念を導入することにより、子どもであっても大人であっても、その時その時において、そのポジションのどちらの状態にあるか、あるいはある局面ではどちらが優勢であるかを理解しながら、心の状態をとらえていこうとするものである。

その二つの心のポジションを次に紹介する。

**妄想―分裂ポジション**

出生直後から四～六か月頃の乳児の授乳体験を中心とした内的な世界を表す。そこにおいては、自己も対象も部分的で断片的である。たとえば乳を吸う自分の口、手、足はばらばらに感じられる。快感を感じる自己と不快を感じる自己も別々に体験される。対象についても乳房や乳首など、視覚や触覚などを通して母親を部分的にしか認識できない。このような断片的部分的にしかもてない関係を部分対象関係と呼ぶ。この対象関係の世界では、満足を与える乳房は、幻想の中で「良い対象」となる。逆に飢えや欲求不満をもたらす乳房は、攻撃や破壊的怒りを投影して「悪い対象」となる。その二つの対象を同一人物の中に認めることができず、分裂したままである。そして悪い対象に対する激しい怒りは、投影性同一化と呼ばれる防衛機制によって、自己に向け返られ、迫害的な不安となって体験される。

**抑うつポジション**

生後四、五か月頃から乳児が体験し始める内的世界を表す。良い自己への安心感と信頼が高まるとともに、神経などの生理機能が発達していく中で、ばらばらだった自己や対象は、それぞれに統合に向かう。つまり飢えや苦痛を与える悪い対象とその悪い対象を憎み、破壊、攻撃する自己、また、満足を与える良い対象と、その良い対象に愛情を向けるよい自己という、断片的だった部分対象関係に変化が生じてくる。苦痛を与える乳房と愛情をくれる乳房が同じひとつのまとまった全体対象として、乳房をもつ母親であることに気づくようになる。一方で、その乳房を憎み破壊していた自己と、愛情を向けていた自己とが同じひとつの自己であることにも気づくようになる。こうして愛情と憎しみの葛藤（アンビバレンス）を体験するようになっていく。

ここにおいて、新たな感情が生まれる。つまり、悪い対象として攻撃を向けていたが、それは良い対象でもあり、その良い対象を傷つけたり死なせてしまったのではないかという喪失感、絶望感、抑うつ感などの感情、そしてそれに伴う罪悪感や悔いが体験される。さらに失ってしまったと感じられている良い対象に思いこがれる気持ちも味わう。こうした感情が抑うつ不安である。

乳児にとって、その不安への対応が切実な課題になる。この苦痛な情緒体験にもちこたえていくことが、自己や対象の統合をもたらすことになる。それに伴い、妄想―分裂ポジションのときに、支配的になっていた、対象の断片化とそれに伴う過剰な投影性同一化は、影を潜める。しかし、その情緒的苦痛にたえられないときには、再び、妄想―分裂ポジションに入り、対象や自己を分裂させて、不安から逃れようとするかもしれない。あるいは、躁的防衛と言われる心の機制を働かせて、万能的な世界に入ってしまい、自分の都合のよいように対象をコントロールし続け、対象の破壊を否認してよい対象を理想化し続けようと試みる。こうした心の防衛を原始的防衛というが、これらの発動は、情緒体験を閉ざし、内的な心の成熟を妨げてしまう。ここで抑うつ不安を抱えられるようになるなら、乳児は自分が対象を傷つけたことを受け入れ、それを修復しようとする。ここに、償いの感情が生まれる。さらに、傷つけたにもかかわらず愛情を向け続けてくれる対象への感謝の気持ち、そして対象を傷つけないように配慮する思いやりが生まれる。

こうした自己と対象の統合は、自己愛的な対象関係が解消されていく心の成長の過程である。また、この成熟過程は具体的な思考から、抽象的象徴的思考への発展のプロセスでもある。抑うつ不安は、内的な世界を象徴的にとらえる心の働き、すなわち豊かな言語表現に支えられ受容されていく。

なお、抑うつポジションは、離乳を中心とした乳児期の発達において体験されていくが、この抑うつ不安のテーマは、生涯かけて進められていくものである。

クラインは一九四〇年代当時、精神分裂病（現代では、統合失調症と言う）の病理的な固着点として、妄想—分裂ポジションの概念を提唱した。また抑うつポジションをめぐる病理として、うつ病や躁病、境界性パーソナリティディスオーダーなどのパーソナリティディスオーダーから神経症まで、その幅は広い。

## 第四節　分離—個体化論

マーガレット・マーラーは、健康な乳幼児の発達過程に関心をもち、一九五〇年代の終わりから大規模な観察研究を試みた。たくさんの乳幼児と母親の関係を観察しながら、乳幼児の発達段階を詳細に検討し、〇歳から三歳までの発達の流れを分離—個体化の過程ととらえた。そして、「分離—個体化論」と言われる発達論をまとめた。当時としては画期的なビデオ記録をもとに、母子関係に現れる具体的な行動を丹念に追いながら、行動と自我発達の密接な関係を複数の共同研究者とともに考察した。観察は主に、次に述べる点に注がれた。

母子関係（近づきと遠ざかりの行動の現れ、情緒的応答関係など）、新しい自我機能の発現、表現や緊張の調節、対処行動などにおいて用いられる機能様式、苦痛や快の感情体験、敏感さ、基調となる気分、混乱や欲求不満の耐性、母子間の類似性と異質性、自他分化と恒常性の身体的心理的徴候などである。こうして観察された行動が、精神過程と並行して生じているものととらえ、次のような発達段階の特徴を理論化した。

正常な自閉期　生後一、二か月頃

この時期に乳児はほとんど眠っていて、まゆの中に閉じこもっているような状態。胎生期の名残りの中で、安全に保護されていれば、安定し満ち足りた状態を保つことができる。自己と外界の区別ができず、自己愛の状態にある。

正常な共生期　生後三、四か月頃

乳児は、母親や父親などの養育者が世話をしてくれているということを知るようになる。つまり、自分の中に飢えや緊張が生じると、外側から満され、解放されるということを感じ始める。しかしまだそれは漠然としている。つまり内と外、自分と他者の区別は十分にできていない。生理的な欲求がいったん満たされると、自分と外界との境界はなくなってしまう。その意味で、自他の区別がなく他者は自己の延長、あるいは一部だと思っている、もしくは自分が望んだことはひとりでに満たされるという自己愛と万能感の世界にいる。

正常な自閉期、そしてこの正常な共生期はともに、母親との一体の状態にある。そして次なる発達段階を迎える。すなわち生後、五、六か月頃から三歳くらいまでにわたって展開する分離—個体化の過程が始まる。この時期は四つの段階に分けられる。

その下位段階を次に紹介する。

分離—個体化期

**分化期**　生後五か月から八か月頃

母親との身体的な密着度が減少し、運動機能の発達とともに、「はいはい」ができるようになって、自分の行きたいところに自由に動けるようになる。母親との一体感から出て、外に向かって踏み出す時期である。母親の顔を見つめたり、母親の身につけているものに興味をもってさわろうとしたり、目、耳、手などの感覚器官が発達して、外の世界への理解が進む。そこで母親と母親でないもの、おなじみのものとおなじみでないものを識別していく能力が高まる。それ以前は、誰彼の区別なく、無差別にほほえんでいた乳児が、人を見比べ、識別できるようになるので、見知らぬ人に人見知り反応がみられる時期である。また、知覚、運動、感情が統合されていくこの時期特有の現象を、「孵化（ハッチング）」と言う。

**練習期**　生後九か月から十四か月頃

運動機能が目覚ましく発達し、つかまり立ちから一人で歩くことが可能になり、母親から身体的に離れることができるようになる。行動範囲は広がり、外の世界への関心が広がる。外界への探索活動に夢中になり、それと共に身体感覚がますます発達していく。興味惹かれるままに動き、母親の存在を忘れてしまうほどである。まるで外界との恋愛を楽しんでいるように見える時期である。しかし、ときおり元気がなくなり、母親の所に急いで戻って、情緒的なエネルギーを補給してもらい、再び元気を回復して活発に外界への探索に向かう。そのように、時々母親に情緒の調節を助けてもらいながらも、関心は常に外に向かっている時期である。

**再接近期**　生後十五か月から二十四か月頃

ますます自由に行動できるようになるため、返って母親からの分離の意識が生まれる時期である。すっかり自由を手に入れた幼児は、母親から離れて好きなことをしたいという願望をもつと同時に、母親との距離が広がる不安、すなわち分離不安を感じて、再び母親にまとわりつく現象が起こる。母親から離れて、なんでも自分でしたがるかと思うと、逆に母親に強く依存する。その両面があまりにかけ離れているために、母親はどう応じたらよいか戸惑ってしまう。甘えるかと思うと、世話する手をはらいのけて、自分でやりたがる。くっついたり離れたりの繰り返しが特徴的で、幼児自身も始末のつかない状態に陥りやすい。母親もそのように駄々をこねる子どもが扱いにくくなり、腹立ちさえ感じるような関係を生み出す可能性がある。

この時期、母親の情緒的な安定感はとても重要であり、母親の応答が不適切であったり、幼児の分離不安が深刻に体験されると、再接近期の危機と呼ばれる不安定な状態に陥りやすい。そしてこの時期の発達課題をうまくのりこえられないと、その葛藤はもちこされ、後に問題が表面化して現れることが多いと考えられている。

個体化期　生後二十四か月頃から三十六か月頃

時間の概念や言語能力が発達して、再接近期に体験された激しい葛藤、ジレンマが減退していく。そして母親以外の対象への関心が広がり、同年代の子どもと遊びを通して関係をもつこともできるようになる。現実を吟味する能力が増し、母親から離れている状態を落ち着いて経験するようになる時期である。

情緒的対象恒常性確立期　生後三十六か月以降

目の前に実物の母親がいなくても、心の中で一貫した母親イメージを永続的に抱けるようになる。その背景には、良い面と悪い面、その両面が母親の中にあるということを受け入れられる統合的な体験が育っている。そのように母親像が恒常性をもって内的に保持されるので、情緒的に安定して実際の母親から離れて集団活動に参加できるようになる。また母親像の内在化と並行して、一貫性ある自己像も確立されていく。

以上、マーラーの発達理論を比較的詳しく紹介したが、とりわけ、依存対象との葛藤（アンビバレンス）が激しく高まる再接近期は、発達上の重大な危機の時期である。この時期、対象との関係に深刻な齟齬をきたし、再接近期の固着が生じると、境界例や自己愛の病理を引き起こす可能性があると考えられている。

このマーラーの臨床的見解は、その後に引き継がれ、一九六〇年代から七〇年代にかけて、ブロスやマスターソンの境界例理論に多大な影響を与えた。とくにブロスは、親離れ、自立がテーマとなる思春期・青年期の発達過程を第二の分離—個体化の過程ととらえて、思春期・青年期臨床の考察を深めた。

なお、次に紹介するダニエル・スターンは、一九八〇年代に詳細な乳児観察を行って独自の発達観をまとめている。その際、生後直後の乳児はすでに内面で自己感を発達させつつあるので、マーラーのいうような自閉状態とはいえないと、正常な自閉期・共生期という見方を批判した。見直しを迫られたマーラーグループは、その時期の観察が十分になされていなかったことを認め、後に発達論を修正した。

## 第五節　自己感

直接観察による乳児研究と従来の精神分析理論の照合を試みたスターンの学問的業績は、乳児の主観的体験をめぐる発想の転換により達成された。彼は、それまで全く別枠でとらえられてきた「精神分析の発達理論として描かれた乳児（臨床乳児）」と「発達心理学者が実際の観察をもとに描く乳児（被観察乳児）」という二種類の乳児を、長年の経験と膨大な資料のもとに対峙させ、そこから推察される乳児の主観的な体験の世界を、自己感の概念を軸として記述した。スターンによれば、臨床乳児とは、それが具体的な症例の発達歴であれ、あるいは、その普遍化としてある発達理論であれ、大人の患者が連想する乳幼児体験をもとに、理論を参照しながら再構築されたものである。したがって、「臨床乳児」の記載には、いくつかの精神分析的仮説が前提として含まれている。スターンが疑問を向け、「自己感」を中核とする乳幼児研究所見をもって検討を加えたのは、まさにそうした精神分析的仮説のすべてであった。

日常の社会的体験に浸透している実感としての「自己感」をスターンは、四つの「領域」に分けて考える。彼が敢えて「領域」という用語を使うのは、それぞれの自己感が発達上の通過段階ではなく、いったん形成されると一生涯を通じて活動を続けると考えるからである。言い換えれば、それぞれの領域における病理は、生涯を通じ、どの時点でも起こりうるからなのである。四つの「自己感」を次に紹介する。

新生自己感

生誕直後から乳児の中に新生し始めていると推察される。この時期、体験の総括的な特性を（形、強さ、時間として）「無様式」に知覚することにより新生自己感が形成されてゆく。「無様式」に、とは、一つの感覚にとらわれず、様々な感覚器官を自由自在に行き来しながら、体験の全体的、総括的な特性をとらえていくありかたである。

### 中核自己感

生後二―三か月目、社交的な行動の高まりと共に始まる。「自分は境界を持って独立した身体的単位である」という感覚をもとにした身体的親密性を特色とする。その中核自己感を促進するのが、「自己発動性」、「自己一貫性」、「自己情動性」、「自己の連続（歴史）性」という、四つの「自己・不変要素」である。また、この時期、中核自己感・中核他者感をもとに、乳児は、「（乳児の）自己を制御する他者と共にある〈私〉」を体験し始めるとするスターンの発達観は、「共にあること」を発達上の達成ととらえ、マーラーの言う「共生期」の存在を否定する。

### 主観的自己感

生後七―九か月を起点とし、主観的体験の共有による心的親密性を特徴とする。この時期に始まる「間主観的かかわりあいの領域」において、「情動調律」が中心的な役割を担う。情動調律とは相手の動作を同じようにまねする、模倣ではなくて、相手の心の状態がこちらにはこのように伝わっているということを伝えるときに、異なる感覚器官を使って、その情動状態に合った表現をするかかわりである。

この「情動調律」は、次に述べる〈言語〉と共に、心理療法過程においても非常に大きな役割を果たすことになる。それは、情動調律が、一生涯を通じて活動を続ける「間主観的なかかわりあいの領域」における最も重要な交流の手段だからである。

### 言語自己感

生後十五か月目頃から、言葉が獲得されるのに伴い、言葉が乳幼児の世界を限りなく拡大する。しかし、一方でそれは、乳児の総括的な体験に楔を打ち込み、連続性を粉砕する。なぜなら、感情、感覚、知覚、認知からなる非言語的体験の一断片のみをとらえる言語表現は、体験のかなりの部分を言語化されないままに潜行させてしまう面があるからである。

このようにスターンは言語を獲得することによって拡大される世界の重要性を認めながらも、一方では言語的かかわり合いにおいて、こぼれ落ちて行く体験、心の深みに沈殿していく情動体験に目を向ける。乳児の体験世界から得た知見に基づき、その視座から臨床を考えることは大変示唆深い。とりわけ言葉にしがたい非言語的な体験領域にセラピストが開かれていることは、クライアントの体験に限りなく近づく重要なスタンスであろう。

## 〈おわりに〉

ジークムント・フロイト、アンナ・フロイト、エリクソン、クライン、マーラー、スターンを中心にその発達観を概観した。心の発達理論における系譜は、フロイトを基点にし、現代に至るまで展開している。精神分析的観点が広がり、深まり、そして現在に引き継がれ、さらに今なお詳細に検討され続けている、精神分析の発達の軌跡とも言える。心理療法で出会うクライアント、さらにクライアントとセラピストの関係性を理解する上で、心を様々な視点からとらえる種々の発達理論は非常に重要である。

## 文献

Blos, P.（野沢栄二訳（一九七一）：「青年期の精神医学」誠信書房。

Erikson, E.H.（仁科弥生訳（一九七七、一九八〇）：「幼児期と社会1、2」みすず書房。
Erikson, E.H.（村瀬孝雄・近藤邦夫訳（一九八九）：「ライフサイクル、その完結」みすず書房。
Freud, S.（懸田克躬、吉村博次訳）（一九六九）：「性欲論三篇」（『フロイト著作集第五巻』）人文書院。
Freud, A.（黒丸正四郎・中野良平訳）（一九八一）：「児童期の正常と異常」（『アンナ・フロイト著作集9』）岩崎学術出版社
Mahler, M.S., et al.（高橋雅士他訳）（一九八一）：「乳幼児の心理的誕生」黎明書房。
小此木啓吾編集代表（二〇〇二）：「精神分析事典」岩崎学術出版社。
Segal, H.（岩崎徹也訳）（一九七七）：メラニー・クライン入門」岩崎学術出版社。
Stern, D.N.（小此木啓吾・丸田俊彦完訳）（一九八九）：「乳児の対人世界―理論編」岩崎学術出版社。

# 4 精神分析の本質—現実と幻想

森　さち子

《目標&ポイント》　精神分析の本質的なテーマとして、「現実と幻想」について考える。人は現実と、心の中の幻想や願望を様々に調整し折り合いをつけながら、日々、適応のバランスをはかっている。そうした、心の外と内の相克は、いったいどのように体験されているのだろうか。

専門的な用語を用いれば、外への適応を優先する現実原則と内なる満足を追求する快感原則、その相克の中で、人は苦悩する。また、そのバランスを取ることは、創造的な営みにもつながる。しかし、一方では、その葛藤に耐えきれず、心の破綻が生じることもある。まさにそうした心のありように、精神分析は注目する。この観点に基づき、とりわけ、精神分析が扱う本質的なテーマ、「心の現実」について考察する。

《キーワード》　心の現実、原幻想、現実原則、快感原則、自己愛

## 〈はじめに〉

精神分析における本質的なテーマ、「現実と幻想」を考えるにあたり、フロイトの着想に従い、人の心のなりたち、すなわち快・不快をめぐる体験に、さかのぼってふり返る。快・不快をめぐる

体験、そのありようは、心身の発達とともに、人の心を豊かにしながら、あるいは心のエネルギーを奪いながら、どのように変容していくのだろうか。その観点を踏まえ、客観的な現実よりも、その人がとらえる主観的な心の現実に重きを置く精神分析の世界に、読者と共にさらに一歩、入っていきたい。なお、本章はフロイト著作集を基盤に置きながら、「フロイト思想のキーワード」（小此木）に依拠して、掘り下げていく。

## 第一節　心を支配する二つの原則

フロイトは、心の機能を支配する二つの基本原則、すなわち、現実原則と快感原則を仮定した。この二つの基本原則が、常に心の過程の原理として働くと考えたのである。現実原則とは、外的な現実に適応して働く心理過程の原理である。そしてその対立概念となる快感原則は、欲動の即時的、直接的充足を求めて働く心理過程の原理である。この二つの基本原則をおさえた上で、フロイトの考えた、心の成長について紹介する。

人は、酸素を取り入れ、栄養を摂取しなければ、生きていけない。生物としての人が生きていく上で、その生命を保つ上で、どうしても必要な、その動かしがたい現実を我々は背負っている。このように人が生きることに伴い、必然的に生ずる法則が現実原則である。生まれたばかりの乳児は、全くの無力である。外からみれば、まことに頼りない無力な存在である。しかし、主観的には、不快を避けて、ただただ快を求める快感原則の中にいる。まさに自己愛の世界の中にいる。つまり、欲求の満足を求めれば、いつでもすぐに満たされるという思い込みを抱いている。それは言い換えれば、乳児の抱く全能感である。しかし、実は、欲求や欲動がすぐに直接、満たされない場合が多い。それが、まさに実際の現実である。乳児は、生まれて間もない頃から、この思う通りに満たしてもらえない現実を経験している。「必ずしも自分の求める快を充足させることはできないのだという現実」に適応して生きていくためには、この避けることのできない不快に耐えなくてはならない。欲求の充足を延期し、時には充足そのものをあきらめなくてはならない。あるいは、我慢した後に得られる快というものがあるのだということを学んでいく。このプロセスは、乳児の発達を意味する。そして即時的に快が得られない現実を受け入れていく過程で、徐々に自己愛に彩られた全能感は失われ、現実的な自己が形成されていく。

この過程をさらに詳しくみていきたい。主観的な満足と快をただひたすら自己愛的に追求する心の働きは、一次過程という。もっとも原始的な心の働きである。このような快感原則に従って、乳児は、ミルクを飲んで満たされたときの快、そして満足を経験する。すると、その経験が記憶される。その記憶が心の中に刻まれ、記憶痕跡が成立すると、乳児の一次過程の心の働きは、少しずつ変わっていく。空腹を感じて、すぐにミルクがもらえなくても、乳児はそれまでに経験した快と満足の記憶痕跡を頼りに、心の中に幻覚の形で快の体験を再生することができる。言い換えれば、幻覚的な満足を得て、現実の不快を乗り越えるのである。この自己愛を満たす幻覚的満足は、さらに発達すると、願望を夢に見たり、空想したりする心の働きにつながっていく。

一方、幻覚的な満足を得ても、一定の時間を越えて空腹が満たされないと、幻覚的満足は破綻し、欠乏という現実に直面することになる。この段階で、乳児は幻覚による満足だけでは、ほんとうには空腹を満たすことはできないことがわかるようになる。つまり現実原則に従わないと、生きていくことはできないことを知るのである。現実原則に従う、この心の働きを現実検討という。また、満たされない時に幻覚の中で満足を得る働きをする一次過程と対比し、この現実検討を行う心の働きを二次過程という。

心の発達に伴い、こうした二次過程の働きが活性化しても、幻覚—幻想的な快の満足を求める一次過程は、依然として働き続け、生涯保たれる心的過程である。ただし、一次過程と二次過程は、発達と共に分化していく。一次過程が無意識の過程、二次過程が意識の過程となるのである。フロイトの精神分析が追求したのは、一人の人間の心の中に存続する、この二つの心理過程である。そこには、意識と無意識の葛藤や、無意識の心の動きがある。また、現実原則に適応する過程で、快感原則に従う心の働き、すなわち一次過程は抑圧され、それは無意識の中で働き続ける。そしてその無意識の中で働く心の現象が、幻覚や夢、空想である。一次過程は、こうして無意識の中で、幻覚、夢、空想をつくり出していくのである。

## 第二節　無力から快へ

人の心が発達すると、現実原則に従うこと、あるいは現実原則にうまく適応することが、さらに大きな快を得る方法になることを学ぶ。また現実原則を適切に使いこなしながら、そこで何かを達成することによって満足を得られることを知るようになる。現実原則と快感原則は対立する部分もあるが、そのように、現実原則がいつも快感原則の断絶を意味するものではない。むしろ、現実原則を上手にコントロールした暁に、獲得する快がある。現実を考慮し検討しながら、人はその成長過程で現在の不快に耐えることが結局は、その後の大きな快につながることを学習する。直接的な衝動的満足を放棄して、将来に向けて、確実な快を獲得することの意義を理解するようになるのである。

そのことに関連してフロイトは、望ましいしつけや教育について、言及している。フロイトはやたらに禁止したり抑圧することを、子どもに押し付けるのは、望ましいことではないと考えていた。むしろ、さらによりよい快を得る心の術策を学べるように、現在の不快に耐えることができるようにと、子どもたちを導き助けることに価値を見出した。

さて、自分の力ではどうしようもない現実に直面し、どうにもならない無力な自分を実感するとき、その心の苦痛と不快に耐えて、心に喜びと快をもたらすようにする心の営みがある。先にも触れたが、その原始的なありかたが幻想—幻覚の中で得る満足である。その原始的な営みから、心身の発達と並行して、白昼夢、夢、空想、遊び、芸術へと発展していく。

ここで子どもの遊びの心理について触れたい。遊んでいる子どもは、実に心自由に、自分のお好みの世界をつくり出している。その遊びの世界に夢中になり、熱中し、興奮している子どもたちは、自分の遊びに真剣である。遊びに多大なエネルギーを注ぎ込んでいる。ところが、どんなに遊びに夢中になっていても、子どもは遊びの世界と現実の世界をはっきりと分けている。現実からの要請があれば、遊びをやめて、現実に戻ることができるのである。遊ぶことには、主体的能動的な行為を介して、現実でこうむった受け身的に味わった苦痛な体験、不快な体験を乗り越える意味がある。また、現実には満たすことのできない願望を、遊びという空想の世界で自分の思うように演じ、代理的に満足を得ることもできる。

この遊びの機能は、子どもだけでなく大人にも共通して働いている。大人が、スポーツに夢中になったり、サッカーや野球観戦で興奮すること、また映画や音楽を親しんだり、趣味の世界に没頭することに、現実原則と折り合いをつけながら快感原則の中で得る心理的充足感、満足感がある。また、フロイトは詩人が子どもの遊びとまったく同じことをすることに注目している。詩人も、自分独自の空想世界をつくり出し、その空想世界に非常に真剣に取り組む。たいへんな情緒的エネルギーを注ぎ込む。しかし、一方で、現実世界と空想世界を明確に分けている。言葉との戯れの中で、もしそれが現実であれば到底受け入れることができないような、楽しみとなることはないような多くのことを、空想の中で楽しいものに換える。不快なものも、文学や劇の中で表現されると、読者や観客にとって、それは楽しみの源泉となるのである。

空想することによって、現実原則の中で、あきらめなくてはならない外的な圧迫から解き放たれ、自由を享受できる。人は、それを自分の心の中で行うこともあるし、詩人をはじめ芸術活動の中で代理的に享受することもある。そこにおいて、現実原則と快感原則のバランスがその人なりにつくり出され、現実適応がほどよく保たれていく。

なお、フロイトは遊ぶことの起源を、空想すること、そしてさらにさかのぼって白昼夢に見出している。白昼夢は、誇大な願望、野心的な願望、性愛的な願望の観念的な満足である。つまり頭の中で考え出すことによって快がもたらされる。そして何より、こうした願望は、現実には行き過ぎであったり、途方もないことであったり、差し控えなくてはならないことである。しかし抑えられれば抑えられるだけ、そうした願望は心の中でますます強くなる。白昼夢は、必ずしも意識的につくり出されるものではなく、無意識的な白昼夢もある。このような無意識的な白昼夢は、夢の源泉にもなる。また、神経症の症状の源泉にもなる。というのは、空想があまりに肥大しすぎたり、異常に強大なものになると、心のバランスがとれなくなるからである。それは現実原則に従う心の機能の弱化や破綻を引き起こし、神経症や精神病に陥る諸条件をつくり出すことになる。

## 第三節　性的外傷説

フロイトは、近親姦による性的虐待が人間の心に及ぼす深刻な影響を、精神医学的にはじめて取り上げた臨床家といわれる。この性をめぐる外傷のテーマを追求することによって、フロイトは、臨床家としてさらに人の心に深くかかわる道筋を見出した。人の心の中に、客観的現実を省みない、主観的現実が潜んでいることを突き止める。ここにおいてフロイトは、客観的科学的な姿勢からある種脱皮して、人の心を心理学的に見る臨床家になっていく。ここでは、その過程、すなわち人の心に心的リアリティと原幻想を見出していく過程を追っていきたい。

フロイトは、患者や子どもの側が受け身の立場で年長の近親者や大人から性的誘惑を受けることに着目し、それが引き金となって、後に神経症となる可能性を論じ、性的誘惑説を唱えた。このような大人による性的誘惑は、子どもの未だ成熟していない心の状態にとって、深刻な心的外傷をもたらすことを主張した。なぜなら、そうした誘惑による性的な刺激は、子どもの幼い心の性欲動に対するコントロールを破綻させると考えたからである。この場合、近親姦的な誘惑を行うのは、もっぱら大人の側であって、子どもはその被害者とみなされた。この性的外傷、性的虐待のテーマは、一九九〇年代以降、米国で、そして現代の我が国で、大きな社会問題になっているが、フロイトは、一八〇〇年代の終わりに、子どもに対する性的虐待の実態を直視したのである。

当時のフロイトは、大人たちの偽善を明るみにした。つまり、大人たちは、自分が子どもに向ける性的欲動はひた隠しにし、一方では、子どもたちの性的な関心を禁止することによって、子どもたち、ひいては神経症患者を深刻な性の葛藤に陥れた。そのような偽善的な大人の姿を世に問うたのである。

このようにフロイトの性的外傷説は、幼児期以来の一連の性的外傷が神経症の原因であること、しかもこうした性的外傷は、養育者などの大人の性的誘惑によって、実際に起こった事であるという確固たる確信に基づいていた。この意味でフロイトは、性的虐待の実態を明るみにしただけでなく、この体験が精神に及ぼす病理的作用に注目し、性的外傷説を唱えた先駆者でもあった。

ただし、フロイトは、幼少期に性的虐待を受ければ、誰もが病理をきたすと考えていたわけではなかった。つまり、患者たちの性的外傷の訴えをめぐり、フロイトは臨床家が性的場面の記憶を無理やり話させたりする可能性や、患者が故意につくり出した性的外傷の空想を臨床家が真実と思い込んでしまうことを危惧していた。患者にこの種の回想を強要することにより偽りの記憶が再生されることへの注意を喚起していたことは、まことに示唆深い。

ところが、このテーマにおける次なる飛躍が、まさに精神分析を創始したフロイトらしい展開である。第2章でも述べたように、フロイトは患者の分析にとどまらず、並行して自分自身の自己分析を進めていた。そして性的外傷説を唱えた頃、一方で、フロイトは父ヤーコブを亡くしたことをめぐり、夢の自己分析を深めていた。そしてフロイトは、この自己分析を通して、患者がつくり出した空想を臨床家が真実と思い込んでしまうことがあるのではないかという疑念をますます大きくしていったのである。

## 第四節　心的リアリティと原幻想

性的外傷説を唱えたフロイトに、それからまもなく動揺が起きる。神経症の病因は、幼児期の性的外傷にあり、それは実際に起こった事であるという確信に大きな揺らぎが生じたのである。なぜなら、ヒステリーの患者たちが回想する性的外傷、その多くは父母からの近親姦的誘惑を受けたという体験が、しばしば事実ではなく、虚構と現実の混合、あるいは半ば空想の産物であるという事実に、フロイトはやがて直面したのである。そしてこの臨床上の認識、理論の大きな方向転換は、フロイトに厳しい試練をもたらすことになった。性的外傷説によって、性をめぐる大人たちの偽善を世に暴き出し、被害を受けた患者を救い出そうと躍起になって、公の場で発表していたフロイトにとって、その性的な外傷と名づけた患者の回想は、実は真実ではなかったということを直視することは、たいへんな挫折感に結びつくものであった。患者たちの誤った思い込み、いわば虚構にふりまわされていた自分に、臨床家として愕然としてしまう。この誤りにどう対処したらよいか・・・フロイトは大きな自信の揺らぎを感じながらも、この衝撃的な気づきに真っ向から立ち向かった。

そして、臨床家として学者として、危機的な状況にありながら、フロイトは、この自分の誤りをそのまま受け入れ、この事実の新しい認識に基づいて理論を再構成することに果敢に取り組んだのである。そしてたどりついたのが、「心的リアリティ」という考え方であった。たとえ、過去に経験されたことではなかったとしても、それを患者がほんとうに経験したように語る、その事実に着目したのである。面接の中で患者が回想し空想する、その心的リアリティは、まぎれもない確かな事実である。そのように理解し、心的リアリティに重きを置く姿勢をフロイトはその後、貫くのであった。

言い換えれば、それまでのフロイトは、患者が回想する記憶が事実そのものであると、信じ込んでいた。しかし、もし仮にそれが空想の産物や誤った記憶であったとしても、患者がそう思い、そう語ること、その事自体に意味があると、とらえるようになった。そして、この空想や誤った記憶を本人自身がそう体験し、そう思い込んでいるリアリティを「心的リアリティ」と呼び、その心的リアリティに耳を傾けることに治療的意義を見出すに至ったのである。フロイトは科学者として窮地に立ち、絶望的な困惑の中で、自己防衛に身を固めることなく、患者の心の現実に限りなく接近しようとした、その真摯な姿勢に、臨床家として学ぶところはとても多いと改めて思う。

そうした過程を経て、新しく発見された事実、心的リアリティは、臨床上、客観的な事実と同じように、あるいはさらにその人において意味ある体験として価値が置かれるようになったのである。客観的な真実でないことでも、患者、クライアントが、自分が確かに体験したと思う事実、そのような空想を生み出したという事実をそのままに受けとめる。その精神は、まさに精神分析の核心を物語っている。なお、神経症の患者にとって実は、そうした空想の内容と、実際に体験した場合とで、あまり違いがない、つまりほとんど同じ心理的意味があるという理解に至った。そして、神経症患者の世界では、空想された内容、つまり心的リアリティこそ、心に決定的な意味をもつという見解に達したのである。

また、神経症の人々だけでなく、人間なら誰でもそうかもしれない。つまり、物的リアリティを越えて心的リアリティこそ、人間のさまざまなありかたを規定していく。たとえば、どんなに物的に満たされていたとしても、身体的に健康に恵まれていたとしても、また社会的に安定した職業に就いていたとしても、そして端から見れば幸福そうに見えていたとしても・・・本人が不幸せに感じて悩んでいるなら、やはりその人の心を支配し、その人にとって意味をもつのは心的リアリティの方である。

そうした事実を踏まえて、フロイトは洞察を深めていく。性的誘惑や近親姦の回想や空想をどの患者も同じように抱くことをめぐって、さらに考察を進めた。そして、どの患者にも共通した普遍的な願望や幻想は、外的な侵入によってつくり出されるものではなく、もともとその患者の心の中に潜在しているのではないかという論点に絞り込まれていく。父母や大人に性的に接近されたという記憶の回想や空想は、実はむしろ、患者つまり子どもの側の大人に対する性愛的な願望、とりわけ父母に対する近親姦願望の投影ではないか。自分の中にある願望を意識化できずに、他者の中にそれがあるとみなす心理的機制が働いていたのではないかということである。

そしてフロイトは、自らの自己分析を通して到達した、エディプス・コンプレックスと呼ぶ普遍的な近親姦空想を、あらたに原幻想と名づけた。父親を亡くしたことをめぐる自己分析を通して自覚した母に対する近親姦願望と、父に対する競争心とその死を願う願望、この衝動をめぐる罪の意識が、決して自分だけのことではなく、人間誰においてもさまざまな形で抱かれている普遍的な原幻想によるものであると考えた。この原幻想は、個体差、人種差を越えて、人間の心に潜在的に抱かれる幻想であると結論づけた。そして、ユングはこのフロイトの原幻想、普遍的無意識の考え方を、独自の元型論に発展させていった。ユングの元型について、詳しくは大場先生の記述をお読みいただきたい。

もちろん、原幻想だけが心的リアリティのすべてではない。むしろ、エディプス・コンプレックスに代表されるような原幻想は、心的リアリティの一部である。さまざまな感情を伴う記憶、空想、すべての体験、すなわち日々味わう主観的な情緒体験すべてを心的リアリティとフロイトは呼んだ。実際に、治療の中で語られることが、どこまで現実に起こったことで、どこまでが空想のことか、その判断は難しい。たとえば、うつ状態の人が罪意識を強く感じて自分を責めて苦しんでいるときに、その人がほんとうに罪深いことを行い妥当な自責感を感じているのか、それとも、本人の心の中で主観的に罪悪感にさいなまれているのか、つまり本人の偏った感覚の中での体験なのか、区別することは難しい。いずれにしても、その人が、罪悪感に苦悩している、その心的リアリティが重要であると考えるのが精神分析の本質的な認識である。フロイトは、科学者としての自分の立場を揺るがされるような窮地に陥り、背水の陣において、究極的な心の真理に近づいたと言えよう。そして、物的リアリティではなく心的リアリティとかかわるのが、精神分析であるという方向性を確立したことは、精神分析にとどまらず、精神医学、心理臨床学の独自の領域の方向性を示す指針となったのである。

## 第五節　心の病理と心の健康を保つ秘訣

人は、ひとたび内的な許容度を超えた外傷体験を持つと、何らかのきっかけで、その外傷時の状態に逆戻りする傾向を持っている。しかも、その逆戻りは、本人の意識の支配を越え、無意識的に繰り返される。それを反復という。さらにそれは無意識的な行為として繰り返され反復されるので、反復行為という。神経症には、心的外傷を引き起こした体験状態への固着がある。（固着については、第3章の心の発達理論の中で説明しているので、参照されたい。）それ故に、神経症患者は心的外傷を体験した状況の中にいまだ留まっている。その状態が解決されないために、時間の流れはとまってしまい、その状態がいつまでも心的リアリティをもって、現在なお、続いているような状態に陥るのである。たとえば、フロイトは、次のような反復行為を紹介している。夫が不能だった新婚初夜の外傷的体験の場面を反復行為の中で繰り返す夫人の例である。

ある夫人が夫と離婚した時に、繰り返し理由もなく召使いを自分の寝室に呼び寄せ、わざわざそのテーブル掛けに赤いインクをたらし、その赤いシミを見せるという行為を繰り返した。この反復行為の背景には、実は十年前の新婚当時の外傷的な体験があったのである。なぜなら、彼女の夫は性的不能であった。この事実を隠すために、彼女は寝室のシーツに赤インクをたらして、召使いを呼んでそれを見せ、自分の夫が性的不能ではなく、自分はもう処女でないということ、つまり婚姻が成立したという事実を示そうとした。この新婚の不幸が、その十年後の離婚に結びついたと考えられるのだが、そこでも、彼女は新婚当時と同じような行為を反復していた。それは、無意識的に、離婚の理由が夫の性的不能にあるわけではないという事実を強調しようとする試みだった。新婚初夜の心的外傷体験が、このように無意識的行為の形で繰り返されていたのである。このように意識のコントロールを越えた無意識的なとらわれの中で、繰り返す心性を反復強迫と呼ぶ。この反復強迫を深く分析していくと、その人の内に秘められていた、心的外傷にまつわる心的リアリティにであう。これは、心の中の願望が阻止されたことにより外傷体験として残り、それが病理として現れた一例である。

最後に、健康な心のありようについて触れておきたい。普段の生活の中で私たちは自分の願望とどのように上手にかかわっていけばよいのだろうか。現実の壁を感じながら、つまり現実原則の中で、どのような折り合いをつけているのだろう。その一つの方向として、第二節で触れたテーマが再び浮上する。現実原則に従う二次過程にいつでも戻れる心の柔軟性をもちながら、幻想の世界、いわば遊びや空想、芸術の世界の中で自由になれることである。つまり現実と非現実の世界には確かな境界があるのだが、その両方の世界の行き来がスムーズであると、人はもっと楽に生きられるのではないだろうか。現実原則優先ばかりの人生だと、現実対処に追われる日常の中で心のエネルギーが枯渇し心的活動が疲弊してしまうであろう。かといって、快感原則が優先される世界は、人として社会適応を余儀なくされる世界では通用しない。言い換えれば、その中に没頭して現実世界に出てこられなくなっている状態は、精神病水準の世界に入っているということを意味する。そこで、健康な心を保つことを考えた時に、どちらの領域にも随意的に自由な行き来ができることだと思う。内的な幻想の世界、空想や遊び、芸術の世界の中に戯れ、心のエネルギーを備給し情緒的に満たされ活力を得て、そして再び、現実原則の世界に適応していく、そのような心のしなやかさが、健康を保つ秘訣であろう。

## 〈おわりに〉

精神分析が主題とする心的リアリティは、快感原則と現実原則のはざまでつくり出される体験といえよう。その人が、心に感じていること、実際に体験したと思い込んでいること、それは客観的な現実に照らして偽りであるとは言い切れない。その人の心の真実であるという確固とした理解のもとに、精神分析は行われる。その認識に到達するまでのフロイトの理論的展開の軌跡、つまり性的外傷説から心的リアリティ論へと、フロイトが百八十度理論的転回を余儀なくされた、そのプロセスで得た産物は、患者およびクライアントの心に、さらに近づく重要な鍵となった。

## 文献

Freud, S.（井村恒郎、懸田克躬、小此木啓吾他訳）（一九六八～一九八四）：「フロイト著作集」人文書院。

小此木啓吾（二〇〇二）：「フロイト思想のキーワード」講談社現代新書。

小此木啓吾編集代表（二〇〇二）：「精神分析事典」岩崎学術出版社。

# 5 精神分析の本質―対象喪失

森　さち子

**《目標&ポイント》** 精神分析の本質的なテーマとして、「対象喪失」について考える。大事な対象を失う心の痛みと、そこからの回復過程を概説する。対象喪失による深刻な外傷体験は、病理を引き起こす事もあるが、一方ではその回復過程が創造性の発露ともなりうる。フロイトは、最愛の父親を失った、その喪失体験の中で、自己分析を進め、その過程が精神分析の創始に深くかかわっていた。そのことに鑑みても、「対象喪失」は、精神分析における重要な概念である。それと共に、臨床的にたえず、クライアントとの間で共有されていく本質的なテーマである。

**《キーワード》** 外的な対象喪失、内的な対象喪失、喪の仕事、〝いないいないばー〟

## 〈はじめに〉

精神分析における本質的なテーマ、「対象喪失」を考える。大事な対象・愛する対象・依存の対象を失う体験を「対象喪失」と言う。大事な対象を失うことは、人間の心に多大な痛みを与え、大きなストレスを引き起こす。その対象喪失に引き続いて起こる気持ちの流れ、すなわち、失った対象への思慕の情が募り、再会を願い、やがて、哀しみ、怒り、絶望が起こり、さらに失った対象への後悔や償いの気持ちを抱きながら心を立て直して行く過程をたどる。この心の過程は、喪の仕事の中で営まれる。

人が生きていく上で必ずであう対象喪失、そしてその体験をどのように心におさめていくかにかかわる喪の仕事は、精神分析において、とりわけその臨床実践において、重要な概念である。

なお、本章は、主に「対象喪失—哀しむということ」（小此木）に依拠して、考察を試みたい。

## 第一節　対象喪失とは、何を失うことか

「対象喪失」とは、欲動、愛、依存、または自己愛の対象を失う体験をいう。それは、現実の人間のみならず、幻想の中の存在、抽象的な存在、重要な象徴的意味をもった存在の喪失体験も入る。さらに自己自身および自分の体などについて体験される喪失も含まれる。

具体的には次のように分類できよう。

第一に、近親者の死や失恋をはじめとする、愛情・依存の対象との死別や、生き別れである。また、成長に伴う思春期の子どもにおける、親への幻滅体験と心理的親離れ、それと共に、親離れし自立していく子どもを失う父母側の喪失体験なども含まれる。家族の一員として暮らすペットの死も大事な対象を失う体験である。

第二に、故郷や住み慣れた場所、環境を失うこと、社会的役割、職業を失う体験がある。これらは、引っ越し、海外移住、転勤、昇進、進学、転校、結婚、離婚などによるものである。こうしたことを引き金に生じる環境変化の中に、人とのつながり、居場所を失うなど、多くの喪失体験が含まれている。また自己の所有物、財産や能力、地位をめぐる喪失体験もある。

第三に、自分自身をめぐる深刻な喪失体験が挙げられる。人々にとって、最愛の対象は自己自身である。病気により死を宣告され、自己を失うことを予期する体験や、手術や事故などによる体の傷つきやその一部を失う体験、また身体機能の障害による喪失体験もある。また自己を一体化させていた国家や価値理念、それらを具現化する組織を失う体験も含まれる。社会的名誉や職業上の誇りと自信、道徳的確信、自己像、アイデンティティの喪失も、自己価値の毀損や自己評価の低下につながる喪失体験である。

以上のように、「対象喪失」というときに、実に広い範囲を含むことが理解されよう。人間は他者だけでなく自己も含め、また動物や実物の物、環境、そして抽象的なイメージに至るまで網羅されている。この観点から考えれば、われわれは常に大なり小なりの、対象喪失体験に囲まれていることになる。

## 第二節　外的な対象喪失と内的な対象喪失

次に、対象喪失を外的なものと内的なもので分けてみたい。

近親者の死、恋人との別れ（死別・生き別れ）、あるいは転勤や海外移住などは、いずれも心の外にある人物や環境が実際に失われる経験である。この外的なものを失うことを外的な対象喪失という。一方、外的な対象喪失に対して、内面的に、その人の心の中だけで起こる対象喪失がある。現実には、対象は依然として目の前に存在しているにもかかわらず、心の中で対象との別れや、その対象を失う体験がある。それを外的な対象喪失と区別して、内的な対象喪失という。たとえば、思春期に子どもが親に対して感じる幻滅体験が挙げられる。それまでは、世界で一番強くて頼りになるパパ、あるいはやさしい大好きなママというように、父母は、とくに幼少期の子どもの理想化の対象となっている。しかしそうした理想的な父母イメージは、思春期にがたがたと崩れる。いわゆる反抗期に入った思春期の子どもは、親に対して厳しい批判を向ける。そして親は見下され、軽蔑される対象となりさがってしまう。ただし、この幻滅体験は、思春期の通過儀礼ともいうべき、重要な発達プロセスに位置づけられる。この幻滅体験を経て、再び現実の親とどのような関係がつくりだされるだろうか。そこで経験される内的な再会の体験は、人としての成長も意味する。一方、子どもが激しい幻滅を経験しているときに、親の側にも、子どもに対する深刻な内的な対象喪失が体験されている。子どもに幻滅体験を向けられる当の親は、これまで自分を頼ってきた子ども、かわいがって育ててきた子どもを内的に失った体験をしているからである。やがて、そうした親の心理に気づき、思いやりの気持ちが生まれる過程で、思春期の反抗期を卒業することになる。その時に、内的に違う形で、親と再会する時期を迎えたといえよう。

また恋愛関係における幻滅体験も内的な対象喪失といえる。しばしば恋愛において、相互に理想化したイメージを相手に投影したところで、恋愛関係は成立している。しかし、関係が親密になればなるほど、お互いのわがままからくるエゴがぶつかりあって、傷つけ合うことも生じる。そこで生じる幻滅体験をどれほど、自分の中に抱え持てるかが、恋愛の成就とかかわってくる。

このように、思春期の子どもと親の関係においても、恋愛関係においても、実はこうした幻滅体験、すなわち内的な対象喪失をどのように乗り越えていくかが、相互関係の深まり、関係性の成熟に密接につながっていると思う。内的な対象喪失には、そのような情緒体験の豊かさや広がりが含蓄されている。

## 第三節　「喪」・「悲哀」の心理過程

このような対象喪失をめぐる体験は、とりわけ愛する対象を死によって失ったときに激しく体験される。いずれにしても外的にも内的にも生じる対象喪失の体験の中で、「対象を失うことの哀しみをどう哀しむか」というテーマは、人間にとって永遠の課題である。そして、その「どう哀しむか」ということが喪（英語で喪は、モーニング）の仕事、すなわちモーニングの心理過程である。対象喪失に引き続いて、失った対象への思慕の情が募り、再会を待ちわび、願い、やがてもう会えないのではないかという思いの中で悲哀を感じ、絶望感に陥る。そうかと思うと、怒りも生じてくる。しかし、そののちには、相手に対するそれまでの自分の言動を思いめぐらし、後悔したり、自分を責めたり、やがては償いの気持ちが生まれる。喪失体験の後に、こうした心の流れをたどっていく。この心の過程を総称して、モーニングともいう。

フロイトは、第1章、第2章の中で述べたように、父親の死をめぐる喪の仕事を行う自分の体験をしっかりと見つめた。そこで学んだことは、次のようなことであった。喪の仕事の課題は、実は、ただ単に死んだ人を懐かしんだり、その再生を夢見ることだけではないということである。かつてその人に抱いた憎しみや敵意、死を願う気持ちを自分の中に認め、そうした感情を抱いたことに対する悔やみや償いの気持ちをたどることなのだという。そして失った対象との間に抱いていた、さまざまな感情を整理することが喪の心理過程において、とても重要であるということを学んだのである。人は親密な重要な対象との間に、常に理想化を向けて幸せな陽性の感情を抱き、良い関係をもち続けることはない。親密であればあるほど、愛情と憎しみの葛藤を抱くものである。どんなに愛していても、どんなに大事に思っていても、心の中になんらかの敵意や憎しみ、それほど強い言葉で表現されずとも、気に入らないと思う気持ちなどが潜んでいる。その心の現実を見据えることをフロイトは重視している。それゆえに、喪の仕事の大きな課題は、失った対象に対して、対象との良い関係だけを強調するのではない。かつて自分がその対象を傷つけたり、冷たくしたり、裏切ったり、期待に添わなかったりしたそれらの記憶をたどり、悔やみや償いの気持ちをどう自分の心の中で整理していくかということに重きを置くのである。

英国の精神分析学者ジョン・ボウルビーは、乳幼児における対象喪失を研究した結果、対象喪失に引き続く心理過程は四つの段階を辿ることを明らかにした（Bowlby J. 1961/1991）。

第一段階　情緒危機

数時間から一週間ぐらいにわたって持続する無感覚の段階があるが、しだいに強烈な情緒反応を引き起こす。これは一種の心的ストレス反応で、急性に起こる。また情緒的危機とも呼ばれる。たとえば、それを大人が経験する状況に置き換えると、突然の事故に遭ったり、近親者の急死、思いがけなく恋人から別れを告げられた直後とか、退職を通告された瞬間などが挙げられる。激しい衝撃を受けて興奮したり、どうしていいかわからない不安と無力感でいっぱいになり、心細さ、挫折感、これからどうしようという心理状態が生じる。このような第一段階の情緒危機は、眼前の外的な状況に対する適応の危機と結びついている。これに引き続く段階は、急性の状態がある意味で落ち着き、さらに内面的になり、もっと本格的な心理過程に入っていく。

第二段階　抗議・否認

失った人物を慕い、喪失の事実に抗議し、その対象を探し求めることが数か月、ときには数年にわたって続く。まだほんとうに対象を失った事実を認めることができず、否認したまま対象への愛着が続いている段階である。この段階では愛着の対象からの分離、愛着対象の不在に対して、分離不安が起こっている。子どもの場合であれば、母親が戻ってくるのを期待し、母親を探し求めるなど、さまざまな試みが行動として現れる。恋人であれば、その恋人の一瞬の心変わりであると信じ込み、また自分のところに戻ってくるという気持ちでいる。このようにこの段階は、自分がほんとうに相手を失ったという現実を直視できず、失ったという事実を否認し続ける。愛着やとらわれ、執着の心理が大きく働いている段階である。

第三段階　断念

もはや相手がほんとうに戻ってこないということ、永久に失ってしまったという現実を認める段階である。この段階で、断念することによる本格的な対象喪失が体験される。失った対象とのつながりの中で身につけていた心のありようが解体し、激しい絶望と失意に襲われる。その状態がさらに激化するとひきこもり、抑うつ、無気力の状態に陥ってしまう可能性がある。この段階は絶望と抑うつの段階である。この段階に陥ったときは、ただ情緒的、心理的なレベルだけにとどまらず、生物学的な生命力全体の低下が起こり、ときには種々の病気の発症を誘発するおそれがある。

第四段階　離脱

それまで愛着を向け、執着していた対象から、ほんとうの意味で心が離れ、そのとらわれから自由になる。場合によれば、別な対象に気持ちを向けることもできるようになる段階で、立ち直り、再建へと向かう状態である。つまり、それまでの対象に対する愛着をあきらめ、新しい対象を発見する可能性が生まれる。その新しい対象との結びつきの中で新しい心のありかたを見出そうとする建設的な段階である。

ボウルビーのこの対象喪失をめぐる四つの心理過程に関する研究は、臨床および医療の現場に貴重な示唆をもたらしている。たとえばリハビリテーションの臨床において、自分の身体の一部が機能しなくなった状態をめぐって、身体の一部の機能喪失に対する心理過程は、ボウルビーの提起したこの四つの心理段階をたどっていく。そして、最終的に喪失を受け入れ、身体の一部の機能不全という現実、その障害を受容しながら、これから自分がどうやって生きていくかについて心の再建をはかっていく。このような心の過程を踏まえて、専門家は患者を支えていく。

また、臨死患者に関する精神医学的研究で著名な精神分析学者キューブラー・ロスは、ボウルビーの対象喪失をめぐる心理過程を応用し、死に瀕している多くの患者との交流の中で、死を予期した患者の心理過程について考察している（Kübler-Ross, E. 1969/1998）。

自己の死を予期することによる喪の心理過程を、ロスは五段階に分けて、以下のように整理した。

第一段階　死の否認と隔離

自己の死を確実なものと知り、そのショックによって無感動、無感覚、感情麻痺の状態に陥る段階。そして、自分の死を否認し、奇跡を願う段階。

第二段階　怒り

自己の死について激しい抵抗と怒りを示す。なぜ自分なのか、なぜ自分が死ななければならないのか、という思いが高まる段階。

第三段階　取り引き

孤独と不安に襲われ、親密な看取り手を求め、自分の死を受け入れるための取り引きを試みる段階。疼痛やおそろしい手術などに耐えるといった、よい行いをすることに対して、神や周囲の人たちから何らかの報酬を得ようとする心理が生まれる。また、ずっとかなえられなかった夢をかなえることができるのなら、死んでもよいというような取り引きも心の中に生じる。

第四段階　抑うつ

自分の死についてあきらめ、絶望状態に陥り気力を失い、抑うつ的になる段階。

第五段階　死の受容

以上の各段階を交互に繰り返しながら最終的に死を受容し、死と和解する状態に達する段階。

このように、ロスによる死の受容に関する心理過程の段階は、ボウルビーの図式に取り引きと死の受容が加わったものである。

ボウルビー、そしてロスのまとめた心理段階には、それぞれ特有な情緒体験が結びついている。これらの段階は必ずしも明確に区別できるものではない。むしろ各段階は相互に重なり合い、徐々に現れたり消失したり、また逆行したり、何回も同じ段階をたどったり、長いこと一定の段階にとどこおってそれ以上進めなくなったりするようなプロセスである。

さて、ここに紹介したボウルビーの四段階説の前提は、実はフロイトの不在をめぐる理解に依拠している。次に、フロイトにおける分離、そして不在と再会をめぐる興味深い観察と考察について取り上げたい。

## 第四節　分離と再会をめぐる遊び、そして治療の理解へ

フロイトが六十三歳の時、一歳半の孫のエルンストと一緒に過ごしている時に、エルンストが繰り返した行為に着目した。エルンストの不思議な行為を長い間、観察した末、フロイトは遊びの象徴的な意味を発見したのである。

エルンスト坊やは、ひもを巻き付けた木製の糸巻きを上手にベッドの下に投げこんだ。糸巻きが見えなくなると「オー、オー」と叫んでいる。よく耳を傾けると、坊やは「いない、いない」（ドイツ語で fort, fort）と言っている。それから糸巻きのひもを引っ張って、糸巻きをベッドの下から引き出し、それが出てくると、今度はうれしそうに「いたー」（ドイツ語で da）と言っていることに気がついた。フロイトはこの行為の繰り返しを、「消滅と再現」をあらわす遊びであると理解したのである。

エルンスト坊やはとてもしつけのよい子で、母親がおでかけするときにぐずることもなく、後追いすることもない。その代わりに、母親が出かけて、フロイトおじいちゃんとお留守番をしているときに、この遊びを始めたのである。その状況を考察し、フロイトは、次のような理解を深めた。子どもは、自分の手の届くものを使って、母親との「別れと再会」を演じているのだと。本当は外出する母親の後を追っていきたかったのだが、我慢をした。母親がいなくなってしまう苦痛に耐えた。しかし、その代わりにこの遊びを始めた。母の後を追いたい願望を放棄した代わりに、この遊びに没頭したのである。母親がいなくなることは、幼い子どもにとって悲しく苦痛なことである。エルンストは、この苦痛な体験を遊びにして繰り返し、受け身で体験する苦悩を、自分のコント

ロールのもとに能動的な遊びに換えて体験していたのだと、フロイトは解釈した。

フロイトはその遊びに、現実生活で受け身的に強いられる苦痛な経験を、空想の中で能動的に演じ直すことによって、その心的な苦痛を乗り越えようとする心の働きを見出したのである。この認識は、遊びの意義をとらえる斬新な解釈であった。ここに、「心的な苦痛を乗り越える象徴的意味をもつ遊び」という理解が生まれたのである。まさにこの遊びに対する理解が、現在のプレイセラピーに発展している。しかも、ここでいう遊び、すなわちプレイは、子どもの遊びの範囲にとどまらない。むしろ空想の物語を演じる、すなわちプレイすることと同義である。この発見は、その後展開していく、「遊ぶこと、演じること」に関する、精神分析的研究の始まりとなったのである。

さらに、フロイトおじいちゃんは、エルンスト坊やの遊びを詳細に検討している。「オー、オー」と言いながら、糸巻きを見えなくなるように投げるのは、子どもを置き去りにして出かけていってしまった母親に対する怒りの満足ではないかと・・・糸巻きに託して、「行っちゃえ！ママなんか、ぼく、いらない！　ぼく、ママをあっちへやっちゃうんだから」・・・糸巻きを見えなくなるところに投げ捨てることに、そのような意味があったかもしれないと、フロイトは考えた。つまり、良い子でお留守番ができるエルンスト君であったが、自分を置いていってしまう母親に対する怒り、そんな母親なんて自分から放り出してしまえという気持ちを、糸巻きを投げる遊びに置き換えていたという考察である。

このフロイトの観察とその理解は、「遊び」についてのみならず、精神分析家フロイトの重要な研究の出発点になった。その一つは、「分離と再会」の研究である。人の心にとって、別れはとても辛いことである。だからこそ、永遠の別れを認めず否認して再会を願うのである。フロイト自身、父の死に際して、父の再生を心から願い夢にまでみた。再生を願う気持ち、そこからフロイトの喪の心理過程は始まっている。やがて父の死をめぐる夢の自己分析を通して、自分の無意識への気づきに到達した。そしてそこから得た洞察は、実際の治療に生かされていく。ここでは、最愛の父親の死をめぐって、強迫症状に悩まされていた患者ラットマンの治療を紹介したい。

精神分析の世界で「ラットマン」と呼ばれる青年患者ローレンツは、兵役についていたときに、罪人のおしりにねずみを押し込むという刑罰の話を聞かされ、自分が恋人と結婚すると父親がネズミ刑を受けるという強迫観念に苦しんでいた。これがラットマン、すなわちネズミ男と言われるゆえんである。ところが、治療をはじめてフロイトはびっくりしてしまう。なぜなら、その身の上に不幸が起こることを彼が心配していた肝心の父親が実は九年も前に亡くなっていたのである。それにもかかわらず、ラットマンは、父の死に対して実感がわかなかった。何かおもしろい話を耳にすると、お父さんに話さなくては・・・とよく独り言も言った。そしていつも父親についての空想にふけっていた。不意に、誰かがドアをノックすると、父親が来た、と思うのであった。またどこかの部屋に入ろうとするときに、そこに父親がいるのではないかと期待することもしばしばあった。このように彼が父親の死の事実を忘れたり、父親に会えることを期待したりするのは、父親にずっと生きていてほしいと願う強い気持ちがあったからである。実は彼は、この父親の身の上を案じるという強迫観念の中で、亡き父といつも内的に再会していたのである。強迫観念をもつことによって、父の死を否認することができたのである。人は誰でも失った人を思いしばしばその人の死を否認して、あたかもその人がかわらず暮らしているかのように感じながら日々を過ごすということがある。ラットマンは、この強迫観念に悩みつつも、父親がまだ生きているかのように心配することで、父の死の事実を忘れ、強迫観念の中で父親を再生し続けていたのである。この症例研究を経て、フロイトは、愛する人の死、愛する対象の喪失について起こる、喪の心理をさらに解明している。

このように、フロイトの精神分析は、自らの体験、そして症例から学んだ体験、さらに日々目にするものに興味を示しながら日常の観察を行い検討する作業などを通して、そこから有機的に導き出された理解を幾重にも重ねながら、深められていった。

こうしたフロイトの「分離と再会」をめぐる一連の研究を継承したのが、先に紹介したボウルビーである。ボウルビーは、第二次世界大戦で母親を失った子どもたちの観察をもとに、母との再会の期待を抱きながら、いなくなった母親が帰るのをいつまでも待ち続けているという心理状態の中で、対象の不在を経験し、母親はこのまま帰らないのではないか、ひとりぼっち、心細い、早くもどってきてほしいなどの分離不安を体験している心理を細やかにすくいとった。エルンスト坊やが「いないいない・いたー」の遊びを繰り返していたのは、まさにこの分離を感じている心理段階においてである。その後の段階、つまり対象、すなわち母親がほんとうに戻ってこないことがわかり、再会の希望を全く失ったことを体験する心理を喪失という。先ほど、ボウルビーの図式を段階ごとにおって紹介したが、この喪失を認める段階になると、もはや自分のもとに対象は決して戻ってこないのだということを実感し、深刻な絶望と抑うつが起こるのである。

さて、エルンスト坊やは、さらにフロイトおじいちゃんの精神分析に貢献するような驚くべき行為、遊びを展開した。このエルンスト坊やが見せた遊びは、鏡に映った自己、すなわち鏡像をめぐる理論に結びついた。坊やは、お母さんが出かけてしまった後、鏡を使って、なんと自分で自分を映し出したり消したりしたのである。坊やは鏡に向かって自分の鏡像を見出し、それから低くかがみこんで、その鏡に映っている自分の鏡像を「いないい」にしてしまった。そしてすぐに、「ばー！」と、再び姿を現す。そのような鏡の遊びを繰り返したのである。この坊やの「いないいない・ばー」の遊びは「消失と再現」を表現していた。ここにおいても、坊やは受け身的ではなく、能動的に、自分から自己鏡像を映し出したり、消したりしていたのである。

ここで筆者の子どもの臨床例が次々に思い出される。精神分析的心理療法では、決まった構造の中で営まれる。時間的な構造もあらかじめ設定されている。基本的には毎週一回五十分という形で同じ部屋で行われる。毎週一定のリズムで、分離と再会が繰り返されるのである。子どもの精神分析的なアプローチにおいて、実はこの安定した構造の中で、繰り返し営まれる「分離と再会」を、子どもがどのように体験していくかが治療機序にもつながっていく。子どもが分離のたいへんさをセラピストと共にどのように体験し、その現実原則をどのように乗り越えていくか。そして次なる再会に、それらの体験がどのように結びついていくか。そこで恒常的に繰り返される、お別れと再会の体験の積み重ねの中に、セラピーの意義を見出すことができる。

## 〈おわりに〉

大事な対象を失う体験とそこからの回復のテーマをめぐって、精神分析における「対象喪失」を概観した。失った対象はどうすることもできないのが、人間の限界であり、人間の現実である。大切なことは、その哀しみをめぐるさまざまに交錯する気持ちを自然な心によっていつも自分のものとして受け入れ、体験し、哀しむことのできる能力を身につけることであろう。憎しみ、哀しみ、不安、罪悪感などのない、幸せと満足がいっぱいに満たされている快適なだけの世界はありえない。心の健康とは、むしろ、哀しいことを哀しみ、恐ろしいことは恐いと感じ、怒りを怒りとして感じられる世界に住むことであると思う。

## 文献

Bowlby J. (1961) : Process of mourning. International Journal of Psychoanalysis. 42 : 317-340. 黒田実郎他（訳）（一九九一）:「対象喪失」『母子関係の理論Ⅱ』、岩崎学術出版社。
Kübler-Ross, E. (1969) : On Death and Dying. The Macmillian Company, New York. 鈴木晶（訳）（一九九八）:「死ぬ瞬間─死とその過程について」読売新聞社。
Freud, S.（井村恒郎、懸田克躬、小此木啓吾他訳）（一九六八〜一九八四）:「フロイト著作集」人文書院。
小此木啓吾（一九七九）:「対象喪失─悲しむということ」中公新書。
小此木啓吾（二〇〇二）:「フロイト思想のキーワード」講談社現代新書。
小此木啓吾編集代表（二〇〇二）:「精神分析事典」岩崎学術出版社。

# 6 症状をめぐる精神分析的〝力動〟の理解

森　さち子

**《目標＆ポイント》** さまざまな症状、訴えの背景にある、心の葛藤、抑圧をめぐる精神力動について、精神分析的な観点に基づいて概説する。力動的解釈を行う上で必要となる、「自我」「エス」「超自我」「防衛機制」など、基本的な専門用語を解説しながら、精神分析における力動についての考え方を深めていく。これらの基本概念をおさえておくと、精神分析的な実際の臨床を身近に感じられるようになる。それと共に、読者自身の「自己をめぐる洞察」の手がかりを得ることにもつながるであろう。

**《キーワード》** 意識、無意識、自我、エス、超自我、防衛機制、抑圧、葛藤、分裂

## 〈はじめに〉

精神分析の臨床について語ることをめぐり、次のような言葉を耳にしたことがある。難しい用語ばかりが並び、入っていけない、わかりにくい。あるいは、耳慣れない難しい専門用語が飛び交い、それらをまるで鎧みたいに使っている。精神分析を標榜する臨床家は知的防衛を堅固に身につけている・・・。確かに、専門用語として精神分析の世界に定着している言葉を用いると、精神分

析を専門とする研究者および臨床家内部の中では話が早いし、通じがよい。いったん理解するととても便利な言葉がたくさんある。しかし実は、本来フロイトが使用した用語は、日常にも使われるドイツ語の平易な、あるいは直接的具体的な言葉であった。それらが英語に訳され、日本語に訳される過程で、ある種の磨きをかけられ、専門語らしい姿になったとも言えよう。そのような言葉をめぐる議論を念頭において、精神分析的考え方を代表する用語の理解を深めていただきたい。

なお、本章は、主に「現代精神分析の基礎理論」（小此木）に依拠して、精神分析の基本的な用語を解説しながら、精神分析における力動的理解を検討していく。

## 第一節　意識と無意識、そして退行、それらの力動をめぐって

第2章でも触れたが、フロイトのもっと大きな功績は、自覚できる領域すなわち「意識」では説明することができない世界に目を向けたことである。つまり、「意識」を越えた、心の暗闇、「無意識」の世界に光をあてたことである。その際、強調すべきことは、フロイトの言う「無意識」とは、静的で抽象的なものというより、むしろ生き生きとした心の中の、動きあるものであった。言い換えれば、心の中にわきあがるものを「意識」にのぼらないように押え込む葛藤的な動きに注目した。そして、「意識」と「無意識」の相克を心の力動ととらえたのである。このように、心の中で繰り広げられる、力と力の動きに着目し、それを生き生きと描き出したことが、臨床家フロイトの慧眼であった。

そして、無意識の領域で生じる力動は、意識しようとしてもなかなか自覚することができないのだという。自分の中にあるものなのに、どうして気づくことができないのだろうか。それは、意識

にのぼると、本人にとって都合が悪いからである。自分の中にそのような気持ち、願望、思いがあることを受け入れることは、とても苦痛なことである。だから、そのような気持ちを意識しないですむように、それらを心の奥深くに押し込める。あるいは心から閉め出してしまい、まったくないことにしてしまう。自分のものではなくて、他の人の中にあるものだと思い込んでしまう。そうした心の働きを精神分析では心の防衛と言う。心の防衛にはいろいろな種類があり、詳しくは、第三節で紹介する。いずれにしても、このような無意識における力動の考え方は、抽象的な記述というよりも、心の中で起こっているダイナミクスをとても生き生きととらえている。そこに、この概念を臨床的に用いる醍醐味がある。

　そしてフロイトにおける無意識の発見とは、突きつめれば無意識的に生じている心の葛藤など、自己の中に潜在している力動に気づくこと、そのことが、まず出発点になるのである。

　すでに述べたように、人間の心の生活には、本人が意識している領域だけでなく、無意識の領域がある。そしてその無意識の領域が意識的な領域に大きな影響を与えている。このような観点に立って、心は無意識と意識、そしてその間に位置する前意識、これらの三つの領域に分けられる。この領域を局所ともいう。そのことから、このような心のとらえかたを局所論という。「無意識」は意識しようと意図しても意識化できない領域であるのに対して、「前意識」は、普段意識されていないが、意図すれば、あるいは指摘を受ければ、意識しうる領域である。この観点から、「健康な心の働き」を考えると、以下のようになる。状況に応じて、不適切な欲動、願望、感情を抑制したり、抑圧したりするが、それらを表出してもよいとき、そして解放してもよい状況では意識化できるという、心の自由さと柔軟性を備えている。たとえば、仕事をしているなど社会的な場面では、そこで期待されている役割を担い、それぞれの立場に応じた態度を保持しているが、親しい友人と会ったり、家に帰り家族とくつろぐときには、社会的な自分から解放されて、リラックスしてゆったりと楽しめるような気持ちの状態になる。それは一時的に一部分に限って退行して、子どものような自然な気持ちになれる状態である。抑圧や抑制がはずれて、欲動や感情が気楽に解放される。一時的で部分的な退行というのは、現実の要請があれば、いつでも再び、現実が求める社会的な役割に戻ることができるし、楽しく映画や音楽など、芸術を鑑賞していても、その中に入り込んでしまって現実に戻れなくなることはない。決まった時間になれば、再び現実に立ち返ることができるのである。その意味で、「健康的な退行」とは、本人の意思のもとにあって、意図的に随意的に行われると同時に、常に現実適応への回復力がある。しばし現実から離れて、芸術の中に戯れ、友人と気楽なおしゃべりの中で楽しむ。その中でふだんは抑圧している感情を発散したり、ドラマの主人公に同一化して社会場面では表せない欲動を解放したりするなどしながら満足感、幸福感を味わう。その体験の中で心のエネルギーは補給され、活性化される。社会的な適応を保ちながら、一方ではこのように自由に、柔軟にこうした退行を楽しめる能力は、健康な心がもつ重要な働きである。

ところが、病的な場合には、この退行が適応を助けるものとならない。映画を見ても現実の仕事のことから頭が離れずに、楽しむことができない。気持ちを解放すること、すなわち遊ぶこと自体に罪悪感を抱いてしまい、安心して退行することができない。それだけ現実にしばられていると、心がこわばってしまって、逆に、意図せずして思いがけない退行が起こりやすくなる。それが症状として、本人を悩ませることにもなりうる。たとえば、普段は非常におとなしくまじめな人であるのに、周囲の人から見れば非常にささいなことを引き金に、突然怒り出し爆発してしまう。少し経つと我に返り、感情を爆発させてしまった自分自身にとても衝撃を受ける。それとともに、非常に落ち込んで自分を責めて抑うつ的な状態になったりする。

さらにもっと重症の精神病水準の人の場合には、心の働きが弱くなっているので、社会場面とそうでないリラックスできる場面の領域がなく、抑圧も抑制もきかなくなるので、深刻な混乱が生じる。映画を観れば、観ている間に強い同一化を起こした主人公になってしまう。自らが文字通りその人になりきるのである。つまり現実の自分に戻れなくなってしまうような状態になる。そのように、病理が深く進行している状態においては、退行も一時的、部分的にとどまらず、人格全体にわたって不随意的で非可逆的に起こる。

## 第二節　心をめぐる構造論

フロイトが「自我」「エス」「超自我」という用語を駆使してまとめあげた心的構造論は、第一節で取り上げた、「意識」、「無意識」、「前意識」の概念をも包含する理論ととらえていただきたい。ここでは、その心的構造論を紹介する。

人には、体の内部から駆り立てられる力、本能的なもの、すなわち欲動がある。精神分析では、これを無意識的なものとして、「エス」と呼ぶ（「エス」は、イット、イドとも言うが、イドは、ラテン語で、英語のイットを意味する）。エスは、第4章で述べた一次過程が支配する領域にある。社会的なルールや価値規範、現実原則を無視して、ひたすら快感原則に従う。時間という観念がないために、待ったがきかない。即時的満足をいつも求めるという特徴がある。

一方、このエスに対立して、それを阻止したり、禁止しようとする力が働く。このように、心の中でさまざまな葛藤がうずまく。エスに対立的に働く力のタイプによって、葛藤もいろいろな形になる。たとえば、エスに対して「・・・してはいけない／・・・するべきである／・・・しなければならない」という道徳的規範で対抗する力を「超自我」という。超自我は道徳心、倫理感、罪悪感などに関連している。なお、超自我も基本的には無意識的な存在である。フロイトは、エディプス・コンプレックスを克服する過程で、禁止や処罰を行う親のイメージが内在化されることによって、超自我が成立すると考えた。この超自我とエスとの間に葛藤が生じるのである。それから「・・・になりたい／・・・でありたい／・・・という自分でいたい」と、望んでいる自己像を求めることを自我理想という。その自我理想とエスとの間にも葛藤が生まれる。さらに現実への適応との葛藤もあるし、内的な欲求と欲求どうしで、つまりどちらが優先されるかという欲求と欲求との間にも葛藤が生じうる。こうしたさまざまな葛藤に際して、心の中でこれらの葛藤を調整し、コントロールするのが「自我」の働きである。「自我」は、英語でエゴとも言う。実はその際フロイトは、ドイツ語でごく日常に使われる「私」に相当する言葉を用いていた。しかしドイツ語では日常の実感に結びつきやすい、その「私（Ich）」が、日本語では翻訳される段階で抽象的な意味合いが強い「自我」になり、身近なイメージから遠のいてしまった。

その自我には、知覚体系と密接に結びつく時間という観念があり、現実を吟味し、検討する能力もある。そして論理的に思考する力ももっている。エスの側からの欲求を満足させることを配慮しながら、エスが現実原則に従うようにコントロールする役割を担う。しかも超自我からの要請にも応じなければならない。このように自我は、現実とエスと超自我の間でバランスを取る役回りであることから、「三頭立ての馬車の御者」とか、「三人の主人に仕える下男」にたとえられる。

では、心が正常に働いているときの自我は？・・・というと、自分の内面にどのような葛藤が生じているか、自我は観察することができる。その働きはスムーズである。自分の心の中の葛藤を観察して、意識のもとにおけることを「観察自我」が働いているという。その観察自我の働きによって、自分の中の葛藤を自覚し、その人らしい解決の仕方、判断を下して行動することができる。さらに健康な自我は、必要に応じてエスの満足を遅らせることもできるし、欲求不満に耐える能力も備えている。

ところで、これまで述べてきた自我は、葛藤を解決、処理するために、エス、超自我、現実の間を調整するだけの、いわば半ば受け身の自我である。一方で、健康な自我の中には、このような葛藤から自由に働く自我もあることを付け加えておきたい。葛藤から自由な、自律的に働く自我である。それは、人間が本来もっている生物学的な素質に規定され、さらに養育者の発達促進的な環境の中で発達していく自我である。たとえば、知覚、記憶、思考、判断、言語、運動機能、知能などの自我の働きである。こうした自我を葛藤から自由な「自律的自我」という。この自律的自我の領域の幅が広いほど、その人は安定した生産性、創造性を発揮することができる。

## 第三節　さまざまな防衛機制

フロイトは、心的構造論の基盤の上に、不安信号説と自我の防衛機制論を展開した。自我は不安を、危険を予知する信号として知覚する。そこで自我は防衛機制を働かせる。欲動が高まることによって生じる葛藤は、さまざまな情緒体験を引き起こす。たとえば、不安や不快、罪悪感、恥などの情緒体験である。そうした強い情緒体験に防衛なくさらされると、その圧倒的な力に、心は疲弊してしまう。これらの情緒を解消するため、つまり心の中の安定をはかるために、自我は無意識的にさまざまな対処を試みる。この方策が防衛機制である。

この防衛機制の原型が「抑圧」である。意識すると、超自我の非難のために、不安や不快、罪悪感などを体験するような心の内容、例えば願望、観念、空想、思考を無意識の中に押し込めておくことによって心の主観的内的安定を保つ自我の働きである。この機制はあくまでも心の中で起こる無意識的な過程である。その点で、意図的、随意的な「抑制」とは区別される。

正常から神経症の領域では、このような「抑圧」を基本にした防衛機制が使用される。抑圧は、そのように自分に都合の悪い、もしくは受け入れがたい情緒を、意識化しないように押し込める防衛であるから、抑圧の力が強ければ、無意識に押しやること、つまり意識から追い払うことに成功する。第２章のエリザベートの症例の中でも触れたように、抑圧は神経症の症状形成にかかわる防衛である。しかし神経症に限らず、普通の精神状態においても、抑圧は自然と働いている。くさいものにふたをするような感じといえば、理解しやすいかもしれない。

そして抑圧は、他の防衛機制とセットになって作用する。つまり、抑圧を基本にしながら、さまざまな防衛機制が作動するのである。その代表的なものを以下に挙げていく。

否認・・・子どもが最初に用いる防衛と言われる。現実を認めないという防衛機制である。何か都合の悪いものが、眼前に確かにあるにもかかわらず、否認は「はじめからそれはなかったのだ」ということにしてしまう。この現実を認められない否認の機制が原始的に働くと、境界例水準の自我の病理を生み出すことになる。目の前の現実の意味を完全に無視するので、魔術的な否認ともいう。現実を認めない代わりに、空想や幻想で埋め合わせをする場合も多く、それが大人になっても続くと精神病的な傾向にもつながっていく。また後で述べるが、そのような否認を基盤として起こる自我の分裂、つまり良い自分と悪い自分を完全に分けてそれらを統合することができない状態は、境界例水準の原始的な防衛機制である。

隔離（アイソレーション）・・・あることがらの意味づけとそのあることによって引き起こされる強い情緒体験を切り離す防衛機制である。情緒が動かされることがらと、実際にそれによって引き起こされる情緒体験を遠ざけ隔離することによって、嫌なものから自分を隔てておくことが可能になる。たとえば、外傷的な体験をたんたんと話すというときに、隔離が働いているという。つまり隔離によって、外傷体験によってこうむった、深刻な傷つきや恐怖の情緒と、外傷的なできごとそのものを切り離すことができるから、冷静に語ることができるのである。

以上、抑圧、否認、隔離は、回避・逃避を基本とする防衛機制である。

美化・・・不快であったり、嫌悪するものであったとしても、その対象、ことがらをよいもの、美しいもの、無害なものに見立てようとする防衛である。否認と美化の防衛は、ヒステリー人格では、セットになってみられる。どちらも、対象に対してよくないもの、不快なものなどネガティブなことを連想することへの禁止が強く、対象もしくは自分をとりまく世界をよいもの、安全なもの、美しいものとしてとらえることによって、内的な安定をはかる防衛である。

反動形成・・・欲動、リビドーの抑圧を強化するのみならず、反対の方向を強調する。たとえば、ほんとうはとても嫌いな人に対して、過度に親切にするとか、相手の失敗を内心喜んでいるのに表面上は強く同情したりする。それゆえ、不自然な誇張やわざとらしさがつきまとう。あるいはぎこちなさやかたくなさがみられる。この傾向が強いと神経症的といえる。

**打ち消し**・・・いったん思ったり考えたり、言及したことを否定して、ないことにしてしまう。自分の言動を打ち消してなくしてしまう。

**やり直し**・・・いったん表にあらわした都合の悪いことを「そうではなくて」と、他にもっともらしい理由をつけて代わりのものを呈示する。それによって、心の落ち着きを取り戻す。

以上、美化、反動形成、打ち消し、やり直しは、逆転を基本とする防衛機制である。

**置き換え**・・・本来向けている対象とは異なる、別の対象に対して自分の欲動や感情を向け換える防衛機制である。充足方法を元々の対象ではない、他の対象に移動する。たとえば、上司に対して不平不満を抱いているのに、その本人に直接伝える形をとらず、政治家に対する批判を言い募る。それによって、直接上司とぶつかって大きな問題に発展することを防ぐことができる。

**知性化**・・・もっとも適応性の高い防衛機制と言われている。情動や欲動に直接触れることなく、理屈や知識で葛藤を処理する防衛である。ストレートに表現し難い感情の発露を知的生産性に結びつけて現実への適応を高める心の働きでもある。たとえば、攻撃性は論理的な抑制力へ吸収される。また、知識の披瀝は、競争心や自己顕示欲の形を換えた現れと理解することもできる。

**象徴化**・・・欲動や感情の直接的表現方法から、より間接的な表現方法に換える防衛機制である。たとえば、夢の中にあらわれる表象は、何らかの象徴的意味をもっている。また、絵や詩によって表現されるとき、その主体の願望や欲動が象徴化されているという。

**昇華**・・・欲動、リビドーを性的なもの、なまなましいものではない形で、つまり社会的に受け入れられるものへと換える。その置き換えられる対象と欲求充足方法が、社会・文化的にみて、適応性が高く、なんらかの意味で高い評価を受けるようなものである。その意味で、文化・芸術・学問の基礎となる心理機制でもある。健全な自我の働きともいえる。

以上、置き換え、知性化、象徴化、昇華は、基本的に対象や感情を他のものへ、いわばよりよいもの、抽象的なものへと換えること（置き換え）を基本とする防衛機制である。

取り入れ・・・相手のもつ属性、特性を自分の中に取り込んでしまう防衛機制である。一般的には、相手のもつよいものを取り入れることが多い。相手のやさしさや愛情、倫理観や理想などが取り入れの対象となる。

投影・・・自分の中にある欲動、感情を、自分とは別の対象に属するものとして認知する防衛機制である。一般的には自分の中の悪い感情、敵意や憎しみ、怒りなどが、自分の中にあることを認めず、相手の中にあるものと感じる。つまり、自己の内部にあるものとして、それを認めることで不快、苦痛、罪悪感がおこるような欲動、感情、考えを、他人の中に映し出して、他人がそれらの欲動、感情、考えをもっているととらえる。この防衛機制が働くと、たとえば、本来自分が嫌悪している人に対して、相手が自分を嫌っていると感じる。

同一化（同一視）・・・自分と対象との境界があいまいになり、他者と自分を同一視する側面と、他者の属性を自分の中に取り入れ、その属性を自分のものにする同一化の側面をもつ防衛機制である。

以上、取り入れ・投影、同一化（同一視）の心理は、乳児のごく初期の発達過程に見出されると考えられている。この段階では、自と他、自己と外界の境界が明確に確立していない。したがって、この段階で働く基本的な心理機制は、快なものをすべて自己に取り入れる「取り入れ」、自己の内部の不快なものを自分のものとせず、破棄し、投げ出す「投影」である。またこの乳児の段階は、自分は完全によいものであるとともに、養育者に守られている段階で、自己愛的な全能感が支配している。その意味で、これらの早期の防衛は、自己愛的な防衛機制ともいう。

次に、精神病や境界例水準の重い病理をもつ人々にみられる、典型的な原始的防衛機制を以下に挙げたい。

分裂（スプリッティング）・・・良い自己と悪い自己、良い対象と悪い対象を分裂（スプリッティング）させる防衛機制である。そうした、良い／悪い表象が統合に向かうことはない。

投影性同一化・・・、投影と同一化（同一視）が組合わさった防衛である。自分の願望を対象に投影し、あたかもその対象がその願望や欲望を抱いているかのように知覚し、かかわる。たとえば、本人は涼しい顔をして何事もなかったような態度でいるが、投影性同一化を向けられた相手は、理由もなく、不安を感じたり、怒りが高まってくるような心理状態になる。

魔術的な否認・・・目の前の現実の意味を完全に無視する。

原始的理想化・・・対象を自分の願望、欲動をすべて満たしてくれる存在とみなす。

こうした原始的防衛機制が発動する結果、行動は外界の対象を巻き込んで直接的に表わされ、周囲が大混乱をきたすことになる。

## 第四節　症状形成について

第二節の心をめぐる構造論の中で、心的構造論において、「エス」と「超自我」をとりまとめていく「自我」の働きについて触れたが、その観点から症状がどのように生じるか、検討したい。

神経症では、超自我や現実からの要請を最優先させる傾向が強いために、エスは過度に抑圧され、その代わりに、症状が形成される。つまりエスを直接的に満足させることはないが、何かの形に置き換えて代理満足を得る。それによって生じたものが症状となる。言い換えれば、神経症になることによって、つまり何かしらの神経症の症状をもつことによって、超自我との葛藤や現実への不適応感を実感しないですむのである。本来の葛藤に直面することを避けられるのである。そこで葛藤を症状に置き換えて、実際の葛藤の苦しみを避けられることを疾病利得という。たとえば、仕事に行きたくないけれど行かなければならないという葛藤が頭痛や発熱という身体症状に置き換えられたとする。そうすると、もともとの葛藤に触れずに、頭痛や発熱のために仕事を休まざるを得ないという状況がつくられる。そこで、結局仕事に行かなくてすむという疾病利得を得ることになる。

では、境界例になるとどのようになるだろうか。境界例の特徴は、心の構造としてのエス、自我、超自我が未分化である。したがって、これらの内面的な葛藤を自分自身の心の中の葛藤として体験できない。内面を見つめる自己観察が未熟である。そのような自我の脆弱さがあるために、むしろ、自分の精神内界のエスや非常に厳しい超自我を外界の現実に投影してしまう。そこで投影の対象になった人を巻き込んでいく。つまり自分の中のエスや超自我が、内的に体験されず、外の人に投げ出されてしまう。そうなると、本来の、自分の心の中で生じている葛藤が、現実の外側の人との葛藤にすりかわる。そのような状況を葛藤の外在化という。外在化が起こると、現実にさまざまな行動上の問題を引き起こす。こうした境界例の心性を理解しないでかかわると、治療にかかわる複数のスタッフは大混乱に陥るのである。

さらに病理が重篤な精神病では、心的構造が破綻してしまう。心の中の主観が現実を覆い尽くしてしまう。自分の抱く欲求や願望に不都合な現実はすべて否認してしまう。自分の思う通りの現実を心の中につくりだし、妄想の中で満足を得る。しかし一方では、境界例水準の投影より、さらに原始的で過酷な超自我を外の世界に投影してしまうために、共感したり追体験することの難しい、迫害的な妄想や被害妄想に苦しむことになる。

## 〈おわりに〉

こうして、意識と無意識、そして自我、エス、超自我という観点を心の理解に導入すると、人の心のさまざまなありようが浮かび上がってくる。あくまで、これらの概念は心の世界に入っていく上で、フロイトによって立てられた仮説である。たとえそうであったとしても、葛藤的な心の揺れを追体験し、そこにさらにさまざまな防衛機制を読み取っていくなら、力動的な理解は深まっていくであろう。健康な状態から神経症の場合には、その人の示す言動の奥にある気持ちに追体験しながら、動揺する心の動きに容易に共感できるかもしれない。しかし、病態が重くなればなるほど、その理解は難しくなる。ただし、その共感しがたい言動の背景にある原始的な防衛機制のことを知っておくと、追体験できないながらも、その理解や対処のしかたを検討することが可能になる。

臨床場面において、クライアントとかかわるとき、これらの力動をめぐる知見を経験的に身につけておくと、クライアントの訴える問題や症状、その背景となる心の動きについて、どこに光をあてたらよいか、自然と見えてくるものがあると思う。さらに、クライアントだけでなく、クライアントとかかわっているときの、「今、ここでの」セラピスト自身の心の動きを自己観察する上でこれらの観点は、とても大きな助けとなる。

## 文献

Freud, S.（井村恒郎、懸田克躬、小此木啓吾他訳）（一九六八〜一九八四）：「フロイト著作集」人文書院。

小此木啓吾（一九八五）：「現代精神分析の基礎理論」弘文堂。

小此木啓吾（二〇〇二）：「フロイト思想のキーワード」講談社現代新書。

小此木啓吾編集代表（二〇〇二）：「精神分析事典」岩崎学術出版社。

# 7　精神分析的治療論

森　さち子

**《目標&ポイント》**　精神分析、ここではとりわけ精神分析的心理療法における基本的な治療論を理解することを目指す。そのために、どんなセラピーを考えるときにも共通に議論できる治療構造という概念を出発点に、精神分析的関係を決定づける二つの基本規則のもつ意味を探る。そして精神分析特有の治療構造のもとに生起するクライアント・セラピストの関係をとらえるための転移・逆転移の概念について説明する。さらに治療機序として、クライアントが到達する知的洞察、並びに、クライアント・セラピスト関係に結ばれる情緒的な絆について、その治療機序としての意義について検討する。

**《キーワード》**　治療構造、基本規則、転移、逆転移、洞察、情緒的な絆

## 〈はじめに〉

　精神分析的な心理療法は、一対一の対面法で、基本的には同じセラピストとの間で、週一回五〇分、同じ曜日、同じ時間帯、同じ部屋で営まれる。面接に臨むセラピストは、受け身的で、自分の価値観、意見を伝えることはなく中立的な姿勢を保つ。クライアントが、できるだけ安心して自分らしさを実感できるような安全な空間を提供する。そして、クライアントがセラピストを信頼し、

自分の気持ちを理解してもらえると思えるような関係性を築いていくことをセラピストは目指す。そのために、セラピストは情緒的に共感的な態度を恒常的に維持する。クライアントはその設定の中で、思い浮かんだことを自由に話すように促される。

このような過程を支える、治療構造と基本規則、そしてクライアント・セラピストの関係性を理解するための鍵となる転移・逆転移、さらに内的な洞察の基盤となる情緒的な絆、これらの観点に基づいて精神分析的治療論を紹介する。

なお、本章は、主に「治療構造論」（岩崎編）、「現代精神分析の基礎理論」（小此木）に依拠して、検討していく。

## 第一節　治療構造

「治療構造」という言葉は、どこかいかめしく、理解しがたい概念のような印象を与えるかもしれない。その意味を平易に述べれば、「治療構造とは、クライアントとセラピストのありとあらゆる交流のありようを規定する、さまざまな要因を検討する視座を意味する」と言えよう。治療構造というと、しばしば、「特定の治療構造を厳しく守ることを意味する」という誤解を受けやすい。守らなければならない厳格な規範というよりも、それは、クライアントとセラピストとの間に生起する現象を理解する上での認識論である。さらに、その理解に基づいて、どのような設定のもとで、どのような技法で、どのような治療スタッフの組み合わせで行うかなど、特定の治療構造を設定したり調整したりする技法論をも内包する。

実際、クライアントとセラピストの関係のありように、さまざまな要素がどのような影響を与えているのだろうか。セラピーに入る前に、また、面接過程において、前もってこれらのことを把握しておくことは、それらの理解とセラピーの方向性を考える上で、たいへん役立つものである。セラピー関係を規定するさまざまな要因、ないし関係を形作るあらゆる条件をすべて網羅することはできないが、その概要をここに紹介する。

## 1．セラピストが意図的に設定する治療構造

どんな心理療法であっても、セラピストが意図的に設定する治療構造がある。たとえば、時間的、空間的な条件、そしてクライアント・セラピスト間の交流を規定する面接のルールなどの基本的な枠組みである。セラピストはそのクライアントがどのような精神状況にあるかをアセスメントし、面接の目的、方針を立てる。そしてその方針を実現する上で、セラピストは現在、そのセラピストとクライアント両者が入手することのできる最も適切な手段や条件を、その目的にふさわしい形に、構造化していく。そしてその方針についてクライアントと話し合い、契約が結ばれる。この契約を介し、本格的な面接に入っていく。

また、方法として無意識の領域に入っていく自由連想法を中心に行うことが、そのクライアントに適しているかどうかの吟味も重要である。たとえば、精神病水準の病理が表立って現れていない、潜伏性のクライアントに自由連想法を行うことが、精神病を顕在化させる危険性もある。そうしたケースも念頭に入れて慎重に考慮される必要がある。同じ精神分析的心理療法を行うにしても、かかわりの方針によって、そのプロセスは大きく異なってくる。あくまでも自由連想に重点をおき、症状の力動的理解に基づいて内的洞察を目指した解明的なかかわりを選択する場合もある。一方では、症状の背景にある心の奥深くの力動を明るみに出すことが、かえってクライアントの心

の混乱を招きかねないとアセスメントされるなら、健全に働いている防衛機制をサポートし、さらにそれが強化されることを目指し、クライアントの自我に支持的にかかわる可能性もある。つまり、言い換えれば、解明的なかかわりは、無意識の世界にかかる覆いをはがすことに焦点が置かれているし、支持的なかかわりは、むしろ覆いが上手にかけられるようなお手伝いをすることに、主眼が置かれている。

さらに、そのクライアントの病態によっては、クリニックや開業の施設に通いでも可能かもしれないし、激しい不安発作や、自殺企図の可能性が高いクライアントの場合には、入院施設で行う方が両者共に安心して面接に臨めるという点で望ましいかもしれない。このように、施設の選択、つまり心理療法を行うバックグラウンドは、両者を守る上で、またその関係性を建設的に生み出していく上でも重要な意味をもってくる。こうした環境の選択に加え、治療構造の設定として、時間的構造もある。たとえば一回の面接が五〇分か、あるいは三〇分か、週に一回、それとも、二回、あるいは四回かなどの頻度、さらにセラピーの期間をあらかじめ決めておく期限つきか、あるいは期限を決めずに行うかなども、一つ一つ、クライアントに合わせて検討する。また、対面法の場合でも九〇度で座るのか、一八〇度に位置するのか、両者の物理的な距離はどのくらいが適切かなど、空間的な位置関係も考慮される。

このように治療構造を決める判断には、ここに挙げたようなそれぞれの治療構造がクライアント・セラピスト関係をどのようにつくりだし、また規定するか、そしてセラピーの展開がどのように生まれるかなどをめぐって、実際の経験に先んじてある程度の予測が関与している。治療構造論のもつ、一つの重要な機能は、このような構造を設定したら、おおよそ、どのような現象がそこに引き起こされるかを先験的に予測する点にある。

2．セラピストの意図を越えて与えられるもの

セラピストが必ずしもそれを自分の意志で自由に選択できないような、時間的、空間的な諸条件がどうしても心理療法にはつきない。このようなセラピストの意図を越えて与えられている物理的、文化的、社会的条件もまた、継続的で恒常的な非意図的な治療構造となって、クライアントとセラピストの関係性に様々な影響を及ぼす。たとえば、入院が必要なクライアントと判断しても、適切な入院治療を行う病院が見つからない場合もありうる。あるいは大学のキャンパスの中に位置する学生相談ではなく、大学とは離れたところで自己を見つめ直す方がクライアントにとって、心理的な抵抗は弱まると考えられても、学生という身分であるために経済的に有料の施設ではなく、無料の学生相談で面接をせざるを得ないということもある。そのような環境の中で、心理療法を始めるとどのような展開が予測されるか・・・それだけでなく、どんな診療機関、どんな臨床場面でそのクライアントと出会うかという、もっとも基本的なお互いの出会いそのものが、実はセラピストの意志を越えて与えられる組織・機構に規定される。たとえば、精神科診療機関であるか、開業精神療法クリニックであるか、家庭裁判所のような司法機関であるか、教育相談所のような教育関係の機構であるかなどによって、セラピスト、クライアントがそれぞれに経験する、あるいはお互いに影響を及ぼし合いながら経験する心理療法体験は異なってくる。それぞれの組織・機構の社会的なイメージと、それに対してクライアントが投影する内容が、両者の関係を規定していく。

そうした観点を踏まえ、セラピストはそれぞれ、自分が所属している機関の治療構造上の特徴を把握している必要がある。その治療構造の特性を十分に理解した上で、どのような関係性が展開し

ていくかの最小限の予測が立てられる。そして組織・機構のある種の圧力を越えて、治療構造の中でどのように一対一の関係性を保つことができるのか、秘密の保持はどこまで守られるのか、クライアント自身の内面的な気持ちを自由に表現できるような関係性をどのように持つことができるのか、それらがセラピストの課題となってくる。

セラピストの意図を越えて与えられた治療構造によって規定されたセラピー関係の特性と、心理療法を行っていく上での限界を見据えておくことはとても重要である。その理解を踏まえつつ、実際の心理療法の中で、転移・逆転移を経験しながら、セラピストとクライアントが共に、それらのことを洞察する過程も、精神分析的心理療法の一つの醍醐味である。

### 3．心理療法の過程で自然に形成される治療構造

どんなセラピー関係でも、セラピストが意図しないにもかかわらず、いつの間にか、その心理療法の関係の中にずっと存在し、それをクライアントと共有せざるを得ないような構造的条件が形成されていく。構造的条件というのは、セラピスト・クライアント両者が半ば無意識的に、知らない間に、習慣としていたり、そうすることに安心感を感じたり、その枠組みを心のよりどころにしたり・・・そうしたものにさまざまな気持ちを投げかけたりするような条件をいう。したがって、それらはクライアントから聞いてはじめてセラピストにわかるようなものであったり、セラピストもまた、何らかの機会に、あるいはふとしたときに自分自身についてそれを自覚したりするようなものである。たとえば、心理療法を行っている施設の最寄り駅、あるいは駅から歩いてくる道筋の様子であったり、施設の受付の女性の印象だったり、待合室の雰囲気であったり、面接室に飾られている絵であったりする場合もあるが、これらの要素も、クライアントにとっていつの間にかセラ

ピー関係を経験する上で構造的な条件として体験されるようになる。

## 第二節　基本規則

精神分析には二つの基本規則がある。それは、「自由連想」と「禁欲規則」である。この二つの基本規則は、第一節の治療構造の観点から言えば、クライアント、セラピストを内側から規定する意味をもつものとして、内的な治療構造と言われる。物理的にどのような空間で面接がおこなわれるかが、外的な治療構造であるのに対し、これら二つの規則は、両者が内的に守っていくことが求められるからである。第2章「精神分析のなりたち」の中で、これらの二つの基本規則がどのように生まれたかについて、すでに触れているので、ここではさらに臨床に結びつけて紹介したい。

精神分析の第一基本規則と言われている自由連想は、クライアントに「心の中に浮かぶことをそのままに語ること」を求める。心に浮かんだどんなことも、浮かんだものはすべて言葉にするという規則である。この場とは全く関係ないように思える内容であっても、とても恥ずかしくて人前で口にすることがはばかられるような空想であっても、目の前のセラピストを不愉快にするようなことであっても、それらを心の中で禁止したり、表にあらわす際に加工したりしないで、できる限りそのままに口にすること、それが第一の規則なのである。そこにおいて、クライアントは心の真実を語ることが究極的に求められる。それと共に、このセラピストとの間では、どんなことを言葉にしてもよいのだという信頼関係が生まれないと、自由に連想すること、そしてそれを言葉にすることは、なかなか難しい。この第一基本規則を守ることができるようになるプロセスは作業同盟を築くプロセスと重なる。

頭や心にとりとめもなく浮かんでくる内容やイメージを人前で露にすることは、誰でも強い抵抗が生じるものである。精神分析的なかかわりの中でそれを求められると、苦痛を感じる人が多い。そのため、遅刻したり、面接場面に来ることさえ拒むようになったり、あるいは、面接にはやってきても、沈黙し続けるようなクライアントもいる。その状況の中にすでに、後に述べる転移・逆転移が生まれていると考えられる。いずれにしても、このような非日常的な規則に従わざるを得ない状況の中におかれれば、一般的な常識を備えた人は少なからず躊躇する。それは、もっともなことである。普段なら抑制することがよしとされる社会場面のありかたとは、全く逆のありかたを求められるからである。その際、セラピストは少なくとも最初の段階では、クライアントが置かれたその状況を「とまどってしまいますね」「誰もが最初は躊躇したり困ってしまうことです」というような共感的な理解と安心感を伝えることは、関係性を築いていく上でも重要であろう。それと共に、このルールを守ることが、ここでこれから一緒に取りかかる二人の作業なのであるという理解をクライアントに知ってもらうこともその後の展開に大きく影響を与えることだと思う。つまり、心的苦痛を感じながらも、この規則に従って一緒に行う作業そのものに、精神分析的心理療法の意義があるということに気づいてもらうことは、作業同盟をしっかりしたものにする上で、大切である。

もう一つの規則、第二基本規則は、禁欲規則と言われる。この規則はクライアントに課せられるだけでなく、セラピストも従わなければならない規則である。まず、第一基本規則に則り、クライアントに、心に思い浮かぶことはなんでも自由に語ってもらう。しかし、その時に、どんな空想や願望が浮かんでも、それを行動に移してはならないというルールである。さらに面接状況の中で満たされない願望や欲望をセラピスト以外の人物との間で満たすことも許されない。一方、セラピストも、自由連想に耳を傾ける中でさまざまなことが心に浮かんでくる。そしてクライアントの言葉が刺激になって、あるいはセラピスト自身の中からこのクライアントに対して特別に「・・・したい」という思いが自発的に生ずるかもしれない。クライアントの願望を満たしたい気持ちを抱くかもしれない。その時、両者それぞれにおいて、行動に表したい気持ちに禁止をかけなければならない。それが禁欲規則である。もっと言えば、そこで、それぞれにどのような思いが生じ、どのようなことをしたい気持ちに駆られているかについて、自己観察し検討していくことが、まさに精神分析らしい心へのアプローチなのである。

このように、「思い浮かぶことを自由に話す、しかしそれを行動に移してはいけない」という、この二つの基本規則は、切り離すことのできない関係にある。

精神分析的心理療法を本格的に始める際、まず前もってこのルールを伝え、理解してもらう。そして内的な洞察に向かう作業に入る。このやりかたを共有してもらったところで始める心理療法の第一声は、「それでは、はじめましょう」である。毎回面接の始まりは、必ずこの言葉から始まる。その言葉には、「それではこれから、二人でこの規則にしたがって、作業をはじめましょう」という意味がある。そして決まった時間がきたら、「終わりにしましょう」で終わる。終わりの時間になってももっと話していたいという気持ちになっていればそれを言葉にしてセラピストに伝える（第一基本規則）。しかし、そのクライアントの願望は満たされることなく、セラピストも満たすことはしない（第二基本規則）。こうしてはじまりと終わりが、恒常的に繰り返される中で、つくり出されていく関係性を精神分析的心理療法は扱っていくのである。そこに生まれてくる関係性は、次に述べる「転移・逆転移」という言葉で理解されていく。

## 第三節　転移・逆転移

精神分析的設定の中で、心のままに話すことを奨励される第一基本規則は、いわば心の退行を促進する。最初は、隠しておきたいことを隠せないたいへんさを感じながらも、しだいに自分のどんな言葉にも、受容的に耳を傾けるセラピストに特別の感情がわいてくる。たとえば、かつての重要な依存対象との間で味わったような情動体験が賦活されてくるかもしれない。大人として社会生活を営んでいる普段の精神状態が緩んできて、退行した状態の中で、セラピストに甘えたい気持ち、愛されたい気持ちなど、何かを満たしてほしい欲求が強まり、それを実際に治療者に求めたくなるかもしれない。そのときに、第二基本規則である禁欲規則が両者に働く。つまり、そのとき心に生じているさまざまな気持ち、願望を自由に語っても、実際に行動の形で甘えや愛情を満たすことはできない。クライアントはそれを口にしても行動に移せない。同時にセラピストも、いくらせがまれてもそれを許容し、満たすことはしない。その状況の中で、クライアントは怒りを露にするかもしれないし、受け入れてもらえない不満をおくびにも出さず、おとなしく従順にしているかもしれない、あるいは、表面的にはきちんとセラピストに対応しているが、情緒的にはひきこもってしまうかもしれない。また不安や孤独感が強くなって、不安定になるかもしれない。不満や怒り、いらいらが頭痛やめまいなどの身体的な症状に置き換わってしまうかもしれない。あるいはひょっとしたら、禁欲規則に従うことができなくなり、自分の欲求を満たすために、執拗にセラピストに求めるかもしれないし、面接室の外の世界で、セラピストとの間では得られなかった衝動を他の人との間で満たそうとするかもしれない。精神分析的治療構造の中で、自由連想をするうちに退行して解放されるさまざまな願望、しかしそれらは満たしてもらえない。そうした非常に逆説的な状況に身を置くことによって顕著に現れる、対象に向けるさまざまな感情や行為、態度全体を「転移」という。そのときクライアントは、無意識的にセラピストをかつての自分にとって重要な対象とみなし、その対象に向けていた感情や反応をセラピストに移して反復していると理解するのである。セラピストに向けられた感情が、信頼や愛情、尊敬、理想などの場合を陽性転移と呼ぶ。一方、それが憎しみ、恨み、嫌悪、反抗、敵意などの場合は陰性転移と呼ぶ。実は、こうした感情は簡単に二分できるものではなく、陽性転移の奥に陰性の感情が忍び込んでいる可能性もあるし、陰性転移を示す奥には陽性の感情が存在するなど、どちらも入り混ざって両価的である可能性もある。境界例水準の転移であれば、両者が分裂して極端に変動することもありうる。セラピストに信頼の気持ちが向かえば両者の関係は維持されるが、強い恋愛感情を向ければ、心理療法の進行の妨げになるかもしれない。また激しい陰性転移は心理療法の継続そのものの危機をまねくかもしれない。

とくに心理療法の妨げとなるような転移は、セラピストの解釈の対象となる。解釈とは、そうした一連の転移状況の理解を言葉にしてクライアントに伝えることを意味する。具体的には過去の重要な対象との間で体験したこと、症状や訴えとつながる体験であること、そして、今ここでのセラピストとの関係の中で展開していることであるという観点から、それらを結びつけながら、クライアントの心的状況の理解をうながす介入である。

また「逆転移」とは、セラピストの側に起こる体験であるが、基本的には常にクライアントから向けられている転移とセットで考える。クライアントが自由連想を行っているときに、セラピストは、ある内容にとらわれたり、一つの視点に焦点化することなく、できるかぎり自分の注意を平等に漂わせて耳を傾けることが基本である。しかし、ひとりの人間であることを免れないセラピストは、クライアントの話す内容や、目の前で表出されたクライアントの感情や衝動をめぐって、自分の中に様々な感情が生まれる。その感情はどんなセラピストでも、そうしたクライアントといるとわき起こる感情であるかもしれないし、そのセラピストであるからこそ強く感じられる感情かもしれない。それはセラピストの自己分析によって理解されてくるものであるが、それらを総称して「逆転移」という。すなわち、クライアントと面接を重ねる過程で、セラピスト自らのうちに生じる感情、クライアントに対する無意識的反応の総体である。クライアントがセラピストとの共同作業の中で自己を見つめていくプロセスを支える役割を担うにあたって、セラピスト自らが感情に押し流されてしまっては、共同作業が成り立たない。セラピストは自分の中に生じるさまざまな感情、無意識のふるまいに注意を向け、絶えず検討していくことが必要となる。まさに、その検討を重ねることが精神分析的関係の深まりにつながる。

## 第四節　洞察と情緒的な絆

精神分析的心理療法におけるセラピューティックな変化が起こる機序について次に触れるが、このテーマは、第8章でさらに詳しく取り上げるので、次の章にわたってお読みいただきたい。

クライアントの内的な変化を考察する際に浮かび上がってくる重要なテーマの一つに、知的洞察と情緒的な絆をめぐる議論があると思う。それは、いわゆる精神的・心理的問題の核心が、知的なものにあるのか、あるいは、情緒的なものにあるのかという問題提起に遡る。また、心理療法の治癒プロセスないしはセラピー関係の核心は、知的なもの、つまり解釈、洞察、知識にあるのか、あるいは情緒的なもの、つまり絆、情動、相互交流にあるのかという論議にも結びついてくる（森、二〇一〇）。もちろん、白か黒かというわりきれるテーマではないが、どちらに重点を置いているかということは、陰に陽にクライアント・セラピスト関係に影響を与えるであろう。

認知療法の場合、心理的な問題（たとえば、抑うつ気分）は、認知の歪みが問題であるという前提のもとに、自分をめぐる体験に対する認知の仕方を変えることで、それを改善しようと試みる。そこにおいて情緒は明らかに二次的な役割しか与えられていない。これに対し精神分析的心理療法では、情緒、感じ方に重きを置いてかかわるので、一見、情緒的理解が強調されているかのように見える。しかし、情緒への関心はあくまでクライアントの心的内界を理解するための手段であって、その理解から生まれる解釈をもとにしてクライアントに洞察を与え、その知的洞察によってクライアントは治癒すると考えるのが、これまで、精神分析的心理療法の基本であったと言えよう。もちろん、「知か情」、どちらが大切かと問えば、その答えが「その両方」となることに異存のある臨床家は皆無であろう。しかし、精神分析的心理療法は基本的に解釈、洞察など、知的プロセスであるというフロイトの伝統は、学派の違いこそあれ、長いこと守られ続けている。

その伝統に確実な変化が感じられるようになったのは、とりわけ一九八〇年代に入ってからのことである。それは、解釈、洞察という、知的な面の強調から、相互交流や情緒的な絆といった、主として情緒的なものの強調、少なくとも、両者のバランスの強調へと至る躍動と言える。そして今、心理療法過程における情緒的側面の重要性への気づきが、急速に進みつつある。治癒要因をめぐる精神分析の歴史は「解釈を通しての知的洞察」と「（治療者との相互交流という）情緒的絆」

との間の「連続的な闘争」であるととらえる視点もある。そうした変遷のプロセスを踏まえた上で、次章において、間主観的アプローチを紹介する。

## 〈おわりに〉

本章で述べた精神分析的心理療法を支える構造とその治療機序に関する考え方は、一九〇〇年、フロイトによって精神分析が創始されて以来、一〇〇年余りの歴史的な積み重ねの中で、練りあげられてきたものである。精神分析的な心理療法を行う構造は、セラピスト自身の個人的な要因をできる限り少なくして、クライアントの心の動きが現れやすいような工夫が施されている。その際、セラピストはクライアントとの関係の中で、クライアントが自分の中でうまく受けとめきれない情動の受け皿となり、やがてそうした情動をクライアントが自分自身の中におさめていくことができるような機能を果たすことが期待されている。精神分析の基本規則に則り、転移・逆転移を体験的に読み取り理解しながら、情緒的な絆のもとにクライアントとのみならずセラピストにおいても、内的な洞察が深まっていくこと、そしてそれらの過程をつぶさに追っていくことが、精神分析的治療論の本質である。

## 文献

岩崎徹也編（一九九五）：「治療構造論」岩崎学術出版社。
Freud, S.（井村恒郎、懸田克躬、小此木啓吾他訳）（一九六八〜一九八四）：「フロイト著作集」人文書院。

森さち子（二〇一〇）：「かかわり合いの心理臨床」誠信書房。
小此木啓吾（一九八五）：「現代精神分析の基礎理論」弘文堂。
小此木啓吾（二〇〇二）：「フロイト思想のキーワード」講談社現代新書。
小此木啓吾編集代表（二〇〇二）：「精神分析事典」岩崎学術出版社。

# 8 精神分析的心理療法の実際

森　さち子

**《目標＆ポイント》** 精神分析的心理療法の実際を検討する上で、まず共有しておきたいのは、セラピストの基本的な治療態度である。ここではそれぞれに両極の特徴をもつフロイト的治療態度とフェレンツィ的治療態度を取り上げる。その上で、治療機序となる解釈のもつ意味を説明する。さらに、実際の臨床例に基づいて、相互交流の中でクライアントが一つの体験のまとまりを言葉化することの意義を間主観性の見地から説明する。

**《キーワード》** フロイト的治療態度、フェレンツィ的治療態度、解釈、言葉化、相互交流、間主観性

## 〈はじめに〉

精神分析的な心理療法の過程を支える、治療構造と基本規則、そしてクライアント・セラピストの関係性を理解するための鍵となる転移・逆転移について、第7章で取り上げた。本章ではそれらの理論を踏まえたところで、精神分析的心理療法の実際に目を向ける。その際、たくさんの重要なテーマがあるが、本章ではとりわけ、セラピストの治療態度と、クライアントへのかかわり、すなわち、解釈および言葉化をめぐって考察する。さらに両者の言葉を越えた相互交流も含めて、間主

観性の観点から検討したい。

## 第一節　フロイト的治療態度とフェレンツィ的治療態度

精神分析的心理療法という時、その治療態度一つを取っても、実は学派によって、重点の置き方が異なる。ここでは、もっとも際立った対照的な態度である、フロイト的治療態度とフェレンツィ的治療態度を小此木（一九八五）の見解に基づいて紹介する。

フロイト的治療態度とは、セラピストとしての分別、中立性、受身性、禁欲規則、隠れ身、そして言語的解釈と知的洞察に代表される態度である。

### 1．分別・中立性・受身性

セラピストは、権威的に一定の価値観・人生観を押しつけることをしない。むしろ、セラピストが、クライアント自身のうちに内在する個性的なものを表せるように、受身的、中立的な態度をとる。フロイトは、救いを求めて治療者の手にゆだねられる患者を、自分の私有物にしてしまってはいけないこと、治療者の理想を患者に押しつけ、自分の気に入るように患者を仕立て上げるようなことがあってはいけないと断固とした態度を貫いた。そしてそこに、フロイトは医師としての分別という言葉を用いた。この分別を越えて、患者ないしクライアントとの関係に入ってはいけないと戒めている。つまり医師であること、臨床心理士であることを越えて、その職業上の関係の領域の外に出ることを禁止した。そして中立性は、非人間的な受け身的な態度を意味しない。むしろ、医師として、臨床心理士としての良識と誠実さ、謙虚さを表す。たとえば、社会的にみれば、疑問を感じたり、抑制が必要と考えられるクライアントの自由連想の内容に対して、ある種の倫理観をもって自分の意見を差しはさむことなく、その内容の善し悪しを判断することなく、どこまでもクライアントが心に思い描くことを自由に表現できる素地をつくっていく。そして語られる内容だけでなく、クライアントの態度、ふるまい、姿勢など、全体に「平等に漂う注意」を向ける。

これらの実践は、セラピストの「分別」に基づいた、まさに「受身性」「中立性」の態度のもとに行われる。

## 2. 禁欲規則

禁欲規則については、第7章で、クライアントにもセラピストにも課せられるものであることをすでに述べた。ここでは、さらにセラピストの基本的な態度としての意義に強調点をおき、言及する。

セラピストにかかる禁欲規則とは、精神分析的な心理療法における技法と倫理観の一致という文脈と、その基本的な治療機序という意味合いの両面を含んでいる。クライアントが切実に求める願望、欲求に応じ、満足を与えないというかかわりそのものが精神分析における一つの重要な技法である。つまり、クライアントが期待することをセラピストがかなえるとするなら、クライアントは自らの葛藤に直面し、そこから出て自分の力で生きていくチャンスを奪うことになる。恋愛転移を例にあげれば、クライアントがセラピストに向ける恋愛感情をセラピストが許容しない姿勢を取ることは、その情動にクライアントが向かい合うことを促すとともに、セラピストが倫理的に関係性を守ることにもつながる。そしてフロイトは、この禁欲規則に反して、どうしても倫理的姿勢と矛盾するような治療の局面が生じた場合に、禁欲規則を破ってクライアントを満たすことが、医学的症状の治癒をもたらし得ると考えられる場合でも、治療者はそうして患者にもたらされる治癒を断念するべきであるとまで主張する。この意味でも、セラピストはたえず、禁欲規則をめぐる逆転移を自省しながら自己洞察を深めていくことが求められる。

### 3．隠れ身

隠れ身を守ることとは、セラピストがセラピーにおいて、必要以上のプライベートな情報をクライアントに伝えない、見せないことを意味する。そのことによって、セラピストとクライアントの境界を守り、さらにクライアント自身の内的な世界と外の世界を区別する心の働きを助ける。フロイトは、セラピストの安易な自己開示、つまり破れ身を情緒的な技法であると位置づけて厳しく戒めた。セラピストが自分自身のプライベートな生活を親しく打ち明けること、親密さを求めてクライアントに境界なくかかわることは、精神分析的な態度ではないという考えがその背景にある。フロイトはあくまでも精神分析的療法は、真理性の上に成り立つことを強調していた。自己開示によってクライアントと情緒的な結びつきをもつところに、真実を見出すことはできないと考えていたのである。

さらにフロイトは、治療者が不透明な存在であるのが望ましいと考えていた。つまり、治療者のことがよくわからなければわからないほど、第7章でも取り上げた、クライアントの内界から発する投影、そして転移が豊かに展開するのである。

### 4．言語的解釈と知的洞察

以上、セラピストが、その基本的な態度として、分別、中立性、受身性、禁欲規則、隠れ身を守りながら、クライアントと共に向かう到達点は、セラピストによって発せられた言語的解釈に促され、クライアントが自らの気づきに至る知的洞察であると、フロイトは精神分析治療を考えていた。知的洞察をめぐるテーマに関しては、第7章でも触れているので、もう一度ふりかえっていただきたい。いずれにしても、精神分析が創始された時、フロイトがもっとも重視していたのは、人間の心の世界を、科学的客観的な方法で探索し、症状形成を解明すること、つまり真実性の追求であった。その観点から考えれば、フロイトの唱えた、いわゆるフロイト的治療態度はその実践のための基盤である。

しかし、フロイトの愛弟子であったシャーンドル・フェレンツィが、フロイトの科学性重視に対して、もっと人間味あふれた情緒的つながりを重視した態度を主張し始めた。それが、小此木のまとめた「フェレンツィ的態度」である。情緒的な技法を認めないフロイトに、最終的にフェレンツィは破門されたが、その後彼の出身であるブダペストの名を冠して、ブダペスト学派と呼ばれる流れの中でその考え方は、受け継がれ、発展を続けた。そしてその情緒交流に意義を見出す方向性は、現在の精神分析に多大な影響を与えている。では、そのフェレンツィ的態度を紹介する。

フェレンツィ的態度は、セラピストの柔軟性を軸に、能動性、人間的な暖かみと情緒交流を重視する。クライアントとの間に生まれる非言語的な共感的なコミュニケーションに注意を払い、そのレベルでの相互調節に配慮する。そしてセラピスト自身のパーソナリティ、クライアントとの間で喚起される逆転移の効用を重視する。これらのかかわりはフロイト的治療態度と対照的で、フロイト的治療態度を父性的な態度とすれば、フェレンツィ的治療態度は母性的である。このようにフェレンツィは、セラピストの能動的な働きかけ、特に、性的な意味でなく、むしろ人間的な愛情のこもった働きかけの意義を最も早くから強調したのである。フロイトにとって、このフェレンツィの主張は許容できるものではなかった。フロイトは精神分析の確立に向けて、主知的合理主義を追求していたからこそ、治療者が人間らしい感情におぼれて、患者の心に向かうことに激しく反対した。治療者といえども、人間である。その治療者が、感情のままになればどんな過ちを犯すかわからない。個人的な感情は極力抑えて、いつも科学者らしい客観的態度をとれるようにしていなければならないことを頑として主張した。

フロイトとフェレンツィは、互いの主張を一歩も譲らず、決別してしまう。しかし、現在からふりかえれば、こうした二人の厳しい対立は精神分析の歴史における基本的な二つの治療観の流れをつくり出している。知性の優位と合理主義モラルを説くフロイト、一方、人間的な愛情とあたたかい交流こそ治療の根本であると主張するフェレンツィ、この二つの流れは、今でも精神分析を標榜するセラピストの中に脈々と流れている。セラピストがクライアントと向かい合うとき、どちらの態度に軸足を置いているか、セラピスト自身がしっかりと自覚していることは重要である。精神分析の基本となる技法を共通に用いたとしても、セラピストが拠って立つ治療観が、その姿勢に反映される。そのことを十分に受けとめてこそ、技法が技法として効力を発揮するのである。

## 第二節　解釈と言葉化

精神分析的セラピストが行う「解釈」は、精神分析事典（二〇〇二）に従えば以下のようになる。解釈とは、一定の精神分析的治療構造を基盤にして生起する現象をめぐり、クライアントがそれ以前には意識していなかった心の内容や、自分のありかたについて、自ら了解することができるように、またそれを意識させるために行う言語的な理解の提示、あるいは説明である。つまり、以前は意味がないとクライアントに思われていた言動に、無意識的な力動の重要な意味を発見し、意識してもらおうとする。この行為は、もっぱらセラピストの側からなされるものである。これは、クライアントの中に力動的な変化を起こし内的な洞察をもたらすことをねらった言語的介入で、精神分析技法の中核にある。その直接的な効果は、連想が豊かになることや、忘れていた過去を想起させて、情緒的な体験や腑に落ちる感覚、「あー、そうだったのか」というようなある種、感慨を伴った洞察（情緒的洞察）などを生み出す。また、転移の文脈で考えるとき、とくに心理療法の妨げとなるような転移は、セラピストの解釈の対象となる。解釈とは、一連の転移状況の理解を言葉にしてクライアントに伝えることを意味する。具体的には過去の重要な対象との間での体験、現実の人間関係の中での体験、そして今ここでのセラピストとの関係の中で展開している体験、それらを結びつけながら、訴えや症状とつながるクライアントの心的状況の理解をうながす介入である。

次に「言葉化」について紹介したい。ここで私が「言葉化」という用語を、「解釈」と対にして取り上げている背景に、精神分析における「言葉」をめぐって、さらに第三節で間主観性理論へとつなげていきたいという構想があるからである。「言葉化」とは、間主観性を論ずるロバート・ストロロウが使用したアーティキュレーションという用語を丸田（二〇〇二）が翻訳したところに、その日本的造語の起源がある。文脈によっては、アーティキュレーションという言葉の意味はとても多義的であるが、ここでは言葉にすること、つまり「言葉化」の意味に焦点をあてて述べる。

「言葉化」とは、「それまで曖昧であった情緒、思考を一つのまとまりとして表現すること」と、定義される。「解釈」においては、説明的な理解や、クライアントの情緒的体験に先立つセラピストからの知的言語化に強調点がある。一方、「言葉化」は、むしろ、クライアントの情緒体験がそのクライアントならではの言葉となって表現されるところに強調点がある。その前に何らかのセラピストの介入が導きになったとしても、クライアントの中でそれまでもやもやしていたものが、ある言葉と結びついてふっと口をついて現れる、その体験の意味が大事にされていると思う。それは次の段階では内的な洞察に結びつくものかもしれないし、そこまで発展しないものかもしれない。しかし、その時点で、セラピストと共にいる中で、表現された言葉、その体験そのものに大きな意義が見出される。その際、交流は、解釈のようにセラピストからクライアントに向かう一方向的なものではない。言葉化されるその瞬間には、セラピストと共にそれまで積み重ねてきた体験の共有も一緒に実感されていると考えられる。つまり、どちらかからどちらかに向かうという一方向性のものではなく、その瞬間、双方向的な体験の高まりとともに、クライアントが自分のとらえがたい体験が一つの表現を得てまとまりをもつ。知的な理解と共に情緒的な洞察も進むという解釈の効果とは、別の種の意義がそこに見出せると思う。内的な実感が言葉になる、そのプロセスを共にし見守り続ける人がそこにいる、その人（セラピスト）にその言葉が受けとめられる体験を得て、さらに自分の体験が鮮明に実感される。そうした体験の積み重ねは、劇的な症状消失にすぐにはつながらないとしても、着実に自分の内面にかかわる範囲の広がりとその深さをもたらすであろう。

精神分析における「言葉」はとても重要な機能をもっている。ここでは、セラピストからクライアントに向かう、洞察を促す理解のまとめとしての「解釈」と、クライアントの中から自然に発せられる体験のまとまりとしての「言葉化」のもつ意義を整理した。私が「言葉化」をここで敢えて取り上げた背景には、しばしば知的理解が進んでいるセラピストの解釈によって、クライアントの情緒体験が置き去りになってしまうことへの危惧、そして、クライアント自身が自発的に言葉にする内的な動きを尊重したいという、私自身が大事にしているセラピーの基本的なスタンスがある。

## 第三節　相互交流的視点を前提とする間主観性理論

フロイトは、その転移・逆転移という概念にも読み取れるように、治療者と患者における相互交流を自明のこととして精神分析理論を確立している。しかし、どちらかというと、その強調点は、治療者が完璧に近い形で、フロイト的治療態度を身につけた上で、そこに投影されてくる患者の内的な世界に光をあて、治療者に対して示す無意識の関係のもちかたに解釈のメスを入れることにあった。つまり、セラピストの側が客観的な立場から、クライアントよりも先んじてクライアントの内的な世界を理解しているということが前提となっている。一方、精神分析のその後の展開の中で生まれている一つの流れである、ストロロウらが提唱している間主観性理論においては、その前提そのものがくつがえされる。つまり、セラピストはクライアントとの関係の外に出て客観的な判断、理解などすることはできない。いつもクライアントとの関係性の中にある、その域を超えることはできない。そして常に主観的な枠組みで関係性を理解しているのだから、正しい理解、解釈を行うことはできない。常にセラピストは、自分の理解は自分の主観を出発点にしているのだということを心に刻んでおかなくてはならないことを繰り返し警告する。その意味で、ストロロウによれば、精神分析はクライアントの主観性とセラピストの主観性が交差しながら生起する現象を解明する作業である。その観点からこれまでクライアントの中だけのものとしてきたクライアントの内的な世界に関して、セラピストとの関係性を吟味することなしに、クライアントの体験世界をとらえることはできないという立場を取る。平易な言葉で述べれば、フロイトにおける精神分析は、クライアントの内的世界重視、他方、ストロロウらの間主観的アプローチにおいては、相互交流のありようそのものに重点が置かれる。そこに大きな違いがある。間主観性理論に基づいたアプローチは、常にクライアント・セラピストのそれぞれの主観がかかわりあうという文脈（コンテクスト）なしに治療関係の理解はもたらされないという観点に基づいている。その基本的な姿勢が、「言葉化」というクライアントの体験の現れへの強調につながると思う。つまりクライアントのことをよく理解しているセラピストが「解釈を投与する」というありかたとは異なり、セラピスト自身も主観性にまみれながら、そのことを踏まえつつクライアントの主観に関わっていく中でクライアントが自分の体験を言葉にしていく作業を積み重ねていく、そのような姿勢である。そこにはまた、言葉によって表現し尽くすことのできない、言葉の領域を越えた相互交流をめぐるテーマが内包されている。

ここで重要なことは、どちらの理論が真実であるか、それに基づいたどちらのアプローチが正しいかということよりも、現代に生きる私たちが精神分析の一つの歴史的流れを理解し、踏まえておくことだと思う。精神分析に真剣に取り組んできた偉大な先達者たちが、臨床経験を積み重ねながら到達した知見に基づいてなされた議論の歴史があるからこそ、私たちはその巨人たちの肩に乗って、少し先に目を向けることができるということを心に留めておきたい。

## 第四節　精神分析的心理療法の実際

以上のことを念頭においていただき、実際のケースの一部を取り上げたい。

人前で手が震えるという症状を訴えて相談に訪れた十七歳の○子さんの話し方には、言葉と言葉の間《ま》が非常に空いているという、とても大きな特徴があった。語られる内容を理解しようと耳を傾けている私は、○子さんが何を伝えようとしているのか、○子さんが話している途中でわからなくなってしまう。あまりに間《ま》があくので、まだ話している途中なのか、それとも話し終えたのか、定かではなくなり、そのことをたずねるのも〈間《ま》が悪い〉、〈間《ま》がつかめない〉という状況に陥る。この状況が、面接回数を重ねる度にさらに顕著になっていった。

話し方の長い間《ま》をめぐり、どのようなかかわりあいが生じていたか、段階的に振り返ってみたい。

ⓐ　言葉の感覚は長くあき、たとえば、「私は・・・・～・・・・家で・・・・～・・・・あまり・・・・～・・・遅くまで・・・～・・・・起きていないのですが・・・・～・・・・母は遅くまで・・・・～・・・・テレビでニュースを見たり・・・～・・・・新聞を読んだり・・・・～・・・・しているので・・・・～・・・次の日に・・・・～・・・・話してくれるので・・・・～・・・・だから私は・・・・～・・・・テレビを・・・・～・・・・あまり・・・・見ないのですが・・・・母から聞いて・・・・～・・・・だいたいわかるので・・・・～・・・・それで・・・・・・」と、いうように全部つなげて話すために、一つの文章が完結するまでに一〇分以上かかり、それと共に話しているときの○子さんの情緒は伝わってこない。

そのため「受身性」を保って聞いていると、二人の交流はどんどん希薄になっていく。さらに○子さんが何を言おうとしているのか、ますますわからなくなってくると、私は頭がぼんやりとして、睡魔におそわれることさえ生じる。ぼんやりの状態から脱し、○子さんの語る内容を理解しようとすればするほど、私は頭の中で○子さんの言葉の間《ま》を埋めて一つの文章を構成し直したり、その間《ま》をどこまで待てばよいか、タイミングがつかめなくて途中で語りかけたり、わからなくなって聞き返したりして、過剰にかかわってしまう。私は○子さんとかかわる中で、そのような空回りが自分の中で生じているようだということに、やがて気がついた（逆転移）。

ⓑ　私は、「受身的、中立的な態度」で耳を傾けようとする気持ちと、いつのまにか介入が増えてしまう心理的はざまの中で、「幼い頃から何でも母に頼っている」という○子さんは、自由に話すことへの不安を感じるとき、母親が自分を助けてくれたように、そのゆっくりな間《ま》を、私が言葉で埋めて助けてくれることをどこか期待して待っているのではないかと思うようになった。

ⓒ　ところが、○子さんの言葉の間《ま》を埋めて何らかの介入をしてしまった後には特に、何かしっくりしない感じを味わっている自分に気がつくようになった。たとえば、「だから私は・・・〜・・・」と次の言葉がでてこなくなった○子さんに、その話の文脈から察した言葉を、「いやな気持ちになるのですね」というような介入をした後で、○子さんにうまく応答できていない不全感が私の中に残るのだった。なぜなら、私の言葉による介入が入ると○子さんの話し方の途切れがさらに顕著になり、連想はますますふくらまない様子だったのである。

　このずれを通して私に浮かんだのは、○子さんが濃厚な依存を向けてきた母親と○子さんとの関係性であった。○子さんが母親の助けを求めて、実際に母親からそれを得ても、もしかしたら○子さんが求めているものとは違うものが与えられていたのかもしれない。そのような母親とのしっくりしない関係を、私との間で繰り返している（転移）のではないかと思うようになった。

ⓓ　こうした○子さんとの間《ま》をめぐる、ぎくしゃくしたやりとりを実感した私は、○子さんと母親とのかかわりのありように想いをめぐらせた。つまり、かつての母親との体験がセラピストとの関係の中で〈今ここで〉体験されている、そうした「転移」の文脈において想いめぐらしたのであ

る。○子さんに対して母親は、○子さんの気持ちを先取りしてかかわりすぎてしまうだけでなく、どこかずれている応答や、もしかしたら○子さんの気持ちを汲まないどころか、むしろ無視するようなこともあったのではないかと。

○子さんは幼い頃から芸術関係の専門家になる夢を母親と、ある意味一心同体で抱いていたので、かなり密着した母子関係にあったと考えられる。その母親との関係性の中で生じる微細なずれを細かく調整し続けるうちに、○子さんは自分らしい実感や言葉を育むことがうまくできないままになってしまったのではないかと、私は推察した。

私自身の中に生じる「主観」的な体験と○子さんの体験していること、その「間主観的な相互交流」を積み重ねるうちに私は、まだ○子さん自身には実感されていない、上記のような母親や、その「転移」である私との関係性について、私がいくら言葉にして「解釈」として伝えたとしても、それは、○子さんの体験を先取りしたかかわりであり、私自身の考えや言葉を○子さんに押しつけてしまうことになり、閉じた関係性を繰り返すだけになってしまうと考えるようになった。

さらにこれらの理解を経て私は、○子さんが母親に対して、強い依存を向けながらも、実はそこではほんとうの安心感は得られないまま、自分らしい感覚・感情をもつことができなくなっているのではないかと思うようになったのである。そこで私は、○子さんの自分らしさの感覚を取り戻そうと急いだり、彼女の間《ま》を埋めることにとらわれず、○子さんの特有な話し方に、彼女のどのような体験が結びついているのか、とりわけ母との間でうまく発揮できないでいたと思われる○子さんらしさとは何かを考えながら○子さんとの面接に臨むようになった。

以上のような考えに至ると、私のあせりは軽減し、むしろ○子さんが考え、口にすることを

〈ゆっくり待つ〉姿勢にかわった。その、待っていてもらえるという関係性の中で、○子さんは自分の実感をぽつりぽつりと口にするようになり、その過程で、それまで意識化されることのなかった、母親に対する陰性の気持ちについても、少しずつ語るようになった。それと並行して、〈ゆっくりな間《ま》のあいた話し方〉について、それは失われていた自分の言葉を探しているための〈ゆっくりさ〉であると、二人の間で○子さんが、「言葉化」する段階をやがて迎えた。こうして体験が言葉としてまとまり、そこに自分がしっくりとおさまる体験は、その後、母から離れて独り立ちしていこうとするときの自信のなさと手の震えは関係があるという○子さんの気づきの体験につながった。

この体験の言葉化は、症状形成にまつわる内的な自己をめぐる「洞察」とも言い換えられる。

## 〈おわりに〉

精神分析的心理療法において、フロイト的治療態度を取るにせよ、あるいはフェレンツィ的治療態度を取るにせよ、その態度、つまりセラピストのありようそのものが、クライアントに、そして二人の関係性にどのような影響を及ぼしているか、常に配慮できる心的態勢をセラピストが保持していること、つまり間主観的な感性をもっていることが、何より重要だと思う。精神分析的アプローチにおいて、さまざまな学派を越えて共通しているのは、クライアントとセラピストの、対話的な相互交流である。その過程で再構成されていく、クライアントの内的な世界にいつもセラピストは立ち合っている。そしてクライアントが語るその世界は、目の前のそのセラピストとの間にあって生まれたものであるともいえよう。そのクライアントとそのセラピストというかけがえのない関係性の中で、精神分析的対話は紡がれていく。言語以外の領域（態度・ふるまい・姿勢・声の抑揚、トーンなど）を含んだ対話的交流にも繊細な注意を向けることが精神分析的心理療法の営みである。

## 文献

丸田俊彦（二〇〇二）：「間主観的感性」岩崎学術出版社。

小此木啓吾（一九八五）：「現代精神分析の成り立ちと発展」弘文堂。

小此木啓吾編集代表（二〇〇二）：「精神分析事典」岩崎学術出版社。

森さち子（二〇一〇）：「かかわり合いの心理臨床」誠信書房。

Stolorow, R.S., Brandchaft, B., Atwood, G.E.（丸田俊彦訳）（一九九五）：「間主観的アプローチ―コフートの自己心理学を越えて」岩崎学術出版社。

# 9 ユング心理学：コンプレックスと元型

大場　登

**《目標＆ポイント》**　森先生からバトンタッチで、この第九章から、「ユング心理学」に入ることになる。本章では、「コンプレックス」と「元型」について学ぶ。いずれの言葉についても、ユング心理学について少し勉強したことがある方はよく耳にされたことがあるのではないだろうか。但し、従来の「コンプレックス」「元型」についての説明は、あまりに教科書的・図式的であったような印象を私は持っている。本章では、これまでとは視点を変えた叙述を著者なりに試みてみることにしたい。読者も「ゼロ」からのスタートの気持ちで、新たに、本章から「ユング心理学」の世界に入ってみていただければと期待したい。

**《キーワード》**　ユング心理学、意識と無意識、自我（私）、「心理的『渦』」、「心理的乱気流」

## 〈はじめに〉

ユング心理学では、人間の心のさまざまな現象との取り組み（＝臨床経験）の中から、人間の心というものは「意識」と「無意識」というふたつの世界によって構成されていると理解している。人間の心の中のこの「無意識」の発見こそ、フロイトが、そして、ユングが創造した心理学・心理療法学のひとつの根幹であるからこそ、フロイトの精神分析、そして、ユング心理学は、もともとは「深層心理学」と表現されていた。「深層」つまり、人間の心の奥深くには、「無意識」という「深層」が潜んでおり、ユングによれば、人間の意識などというものは、この「無意識という深層」に比較すれば、まるで、海面上に浮き出た氷山の一角にすぎないと表現されることになる。但し、もともとは「無意識の発見」に始まったフロイトとユングの心理学ではあったが、やがて、フロイトの方は「自我・私」の果たす役割に、より注目するようになり、そして、心理療法の実際においても、森先生が紹介して来られたように、クライアントとセラピストの間の「関係性」「転移」というところに大きく焦点が向けられることとなった。これに対して、ユング心理学では、「無意識」それ自体に実に深い関心が寄せられ続けている。このことは、同じ「無意識」という言葉を使いながら、その「無意識」というものがどのようなものであるかについて、フロイトとユングは随分と異なる理解をしていたことと深くかかわると言うことができるであろう。本章では、ユング心理学で理解されている、この「意識」と「無意識」、そして、さらに無意識内の「コンプレックス」や「元型」という言葉で表されているものを検討してみることにしたい。

## 第一節　意識と自我・私

「意識」は人間が日常生活を営んでゆくにあたって欠くことのできないものであり、各人は、誕生の時以来、長い年月をかけてそれぞれの「意識体系」を築いてゆく。自分とはどのような人間であるのか、どのような性格・嗜好の持ち主で、どのように生計をたて、どのような人生を送ろうとしているのか、家族・他者・社会とはどのようなかかわりを持っているのか、世界や自然のことをどのように理解しているのか、どのような価値観を持って生きてゆこうとしているのか、これらはその個人がさまざまの生育環境・自然環境・文化環境や遺伝子のもとで、「偶然」「運命」や「努力」と微妙にかかわりながら、固有の体系として築きあげてゆくものである。現実の世の中や心の内界で新しく出会った出来事・事象は、この固有の意識体系・意識の秩序体系・分化した意識の網の目の中に「定位」され、その人なりに「理解・経験」されてゆく。この意識という体系・まとまりの中心というか、要《かなめ》にあたるものがユング心理学では、「自我」と理解されている。只、この日本語の「自我」という言葉で表現されているものは、もともとのフロイトやユング自身においては、ドイツ語でIch（イッヒ）という言葉で表現されていたということを読者の皆さんにはぜひ心に留めておいていただきたいと思う。Ich（イッヒ）とは、「私」、英語で言うと、I、あるいは、強調的表現としてのmeである。ところが、フロイトの「精神分析」が英語に翻訳される過程で、このIch（イッヒ）という言葉に対して、ラテン語のエゴ（ego）という言葉が採用されることとなった。精神分析が日本に入ってきたのも英語を通してのことが主流だったこともあって、フロイトやユングのIch（イッヒ）は、日本語でも、英語訳であるラテン語のエゴ（ego）に相当する日本語、すなわち、「自我」という言葉が採用されたという経緯がある。「自我」と言う言葉がフロイトやユングにおけるドイツ語のIch（イッヒ）にふさわしいかどうかは、実は、なかなか疑問の多いところと言えよう。実際、日本語で「自我」と表現される言葉は、随分と狭いニュアンスで使われることが多いと思われるし、解りやすいようで、実態はわかりにくい言葉でもあるのではないだろうか。よく中学校あたりの教科書で『自我』の目覚め」なる言葉が使われるが、これも、わかったような気にはなるものの、具体的にどのような現象であるのかと聞かれると、実はなかなか説明の困難な、そして理解することの難しい表現ではないだろうか。ドイツ語のIchとは、既述のように、「私」の意である。同じIchが、日本語では、状況に応じて、「私」になったり、「僕」「俺」「わたくし」「あたし」「あっし」「自分」「小生」になったりするから、日本における「自我」のあり方と欧米の「自我」のあり方は異なるのではないかとよく言われることにもなる。したがって、ユング心理学において、「自我」という日本語が使われる場合も、それは、意識というまとまりの「要《かなめ》」というか、代表者・人格としての「主体」というあたりのことが表現される、「自我」とは、いわば、「私」のことでもあると理解していただいた方が具体的に捉えやすいかもしれない。

## 第二節　神話から見た場合の「意識」

第一節では、意識を個人の心の発達という脈絡内で見てみたが、これを人類のレベルで見ることもできる。このあたりのことは、ユング心理学に不慣れな読者の方には、いささか「唐突」に感じられるかもしれないが、世界中の「神話」というものには、この人類の心の起源・あるいは、そもその「人間の起源」「心の分化」過程・変容過程、「文化」の誕生、といったあたりのことが非常によく描かれているとみることができるようである。神話には、ある文化圏なり国なりのそもそもの成り立ち、あるいは、そもそも宇宙・天空・大地の起源にはじまって、神々（一神教では神）や人間の成立について語られている。何千年を経て現在にまで残っているものであるので、それは、心理学的には、ある特定の「個人」が書いたものであるというよりは、その国・その文化圏の人々の心が一致して「受け入れてきた」、その意味で個人を超えた、文化的、あるいは普遍的な「世界観」の表現とみることもできる。人々の心によって受容されないものが歴史を超えて残り続けるということはほとんどありえないであろう。

ここで、本科目の姉妹科目『心理カウンセリング序説』を受講されてない方のために、神話における「意識の成立」について、少し復習しておくことにしよう。上記のような視点で、例えば、もし『聖書』「創世記」を人類のひとつの神話と見ることが許されるならば、蛇の唆《そそのか》しにのって、イヴが、そして、アダムが、エデンの園中央の木の実を食べた瞬間をもって、人間は「自らが裸でいることを『意識』して、『恥ずかしく』思い」、そして、衣を身につけることになったと見ることができる。人間は、「食べてはならない」とされていた木の実を食べたことで、神によって、「一生、苦しんで食物を得る」こととされ、「額に汗してパンを食べる」こととされ、「土に帰る存在」「死すべき存在」とされたとは言え、それでも他の生物とは決定的に異なる「意識」を獲得したと表現できよう。人類の歴史も、そして、個々の人間の成長も、この人間特有の「意識」の拡大・「意識」の分化・「意識体系の確立」をこそ目指してきたし、現在でも目指しつつあると言うことができる。

日本の古事記もまたひとつの神話と見ることもできるであろう。そして、その古事記上巻「伊耶《いざ》那岐《なき》の命《みこと》・伊耶那美《いざなみ》の命《みこと》」には、日本の元・母神とも表現しうる伊耶那美《いざなみ》の命《みこと》が国産み・神産みの最中に、火の神・火《ほ》の迦具土《かぐつち》の神を産んだために、火傷を負い、病気となり、遂には、黄泉《よみ》の国へと「お隠れに」なってしまった。黄泉の国に去ってしまった妻・伊耶那美《いざなみ》の命《みこと》を追いかけて、夫・伊耶那岐《いざなき》の命《みこと》は黄泉の国を訪れる。伊耶那美《いざなみ》を見つけた伊耶那岐《いざなき》は、まだ国産みの途中であるからと言って、妻に戻ってきて欲しいと訴える。伊耶那美《いざなみ》は黄泉の国の神に相談するので、その間、伊耶那岐《いざなき》には、外で待っていてほしい、「決して私のことを覗かないよう」に言い置いて、殿内に入ってゆく。しばらく待ってはいたものの、痺《しび》れを切らした伊耶那岐《いざなき》は部屋の中を覗いてしまう。そこで伊耶那岐《いざなき》が見たものは、これまで国土・神々を次々と「産んで」きた母神・妻なる伊耶那美《いざなみ》がもう一方で持つ暗い「死」の面・姿であった。身体中には蛆《うじ》が湧き、頭・胸・腹・陰部・左手・右手・左足・右足という全身に雷が現われ出ているのであった。驚いて逃げ出した伊耶《いざ》那岐《なき》を、伊耶那美《いざなみ》は「我に辱《はじ》見せつ」と、黄泉醜女《よもつしこめ》やら雷神やら黄泉軍やらをもって、そして、最後には御自ら追いかける。ようやくのこと黄泉比良坂《よもつひらさか》まで逃げ延びた伊耶那岐《いざなき》は「千引《ちびき》の大岩」をもって道を塞《ふさ》ぎ、ここに「死者の国」たる「黄泉《よみ》の国」と「生者の国」たる「葦原中つ国」との境界を確立する。「禁断の木の実」ならぬ「禁断の部屋」を「覗く」ことで、伊耶那岐《いざなき》は国産みの母にして妻の伊耶那美《いざなみ》が象徴する「もうひとつの面」を「意識」し、ここに『生』と『死』の分離」という意識化プロセスの根源的・決定的な一歩が踏み出されることになった。「はっきりと物事を見る」「区別する」と言う意味での「意識化」は、神話として見た場合の「聖書」にも、「古事記」にもほとんどその冒頭に描かれていることが読者には理解していただけたであろうか。

　ここで『心理カウンセリング序説』では紹介することのなかったギリシャ神話における「人間における『死』の成立」（Hesiod『神統記』『仕事と日』）について触れておくことにしよう。ある時プロメーテウスは、ゼウスと人間どもの前に大きな牡牛を切り拓いて置いた。一方には、肉と脂肪に富んだ臓物を、但し、牛の胃袋に包んで置いた。他方には、牡牛の白い骨を、これは、艶々とした脂肪で包んで置いた。プロメーテウスに「自由に選ぶよう」に言われたゼウスは、艶々とした脂肪に包まれた方を選んだが、中に入っていたものは「白い骨」だけであった。ゼウスはプロメーテウスの奸知に怒り、人間どもから「火」を隠してしまった。ところがプロメーテウスは、ここでさらにゼウスに逆らって「火」を盗み、人間に与えた。すなわち、中が空ろな大茴香《おおういきょう》の茎の中に「火」を隠して、人間どもにもたらした。ゼウスは怒り心頭に発し、プロメーテウスをカウカソス山に鎖で繋いでしまうとともに、ヘーパイストスに命じて、土を水でこねて、「女」を創らせた。「女」は、美しさ・魅力・優雅・技芸といったすべての賜物を神々によって与えられ、パンドーラと名づけられた。そう、受講生の皆さんがよくご存知のパンドーラのお話はこのような背景のもとにゼウスから人間に与えられた存在であった。ヘルメースによって人間のもとに連れてこられたパンドーラは、持参した甕の蓋を開けてしまった。甕の中にはあらゆる「禍」が入っていて、これらはすべて飛び出してしまい、パンドーラが慌てて蓋を閉めた時には、「希望」だけが甕の中に残った。かくして、人間はそれまでとは異なって、日々、苦悩して生きなければならないこととなった。「それまでは地上に住む人間の種族は、あらゆる煩いを免れ、苦しい労働もなく、人間に死をもたらす病苦も知らず暮らしておった」（『仕事と日』九〇—九二行）のに、である。イヴとアダムがエデンの園中央の木の実を「食べ」てしまったこと、伊耶那岐《いざなき》が禁止されていたにも拘わらず「部屋を覗いた」こと、ゼウスが隠した「火」をプロメーテウスが「盗んだ」こと、パンドーラが「甕の蓋を開けてしまった」ことを契機として、それぞれの神話において、人間にとっての『意識』の成立」「『死』の誕生」が明確に描かれていることが理解されよう。

個人の誕生以来の心理的発達においても、人類の歴史的な心理的進化においても、かくして「意識」の分化・体系化、「意識化」は、望むと望まざるとにかかわらず、人間が歩まざるを得ないプロセス・道であるように思われ、意識化こそが、人間の人間たる所以と表現することもできるであろう。曖昧性《あいまい》を好み、直接的言語表現や区別にどちらかと言うとあまり重きを置かない傾向を持つとされる日本人、とりわけ「無意識」「ユング」好きの日本の方には、人間の証明としての「意識」の重要性を今一度是非再認識していただきたいと私は思う。日本の神話と理解される古事記には、この「伊耶那岐《いざなき》の命《みこと》・伊耶那美《いざなみ》の命《みこと》」以降においても、幾つもの「意識化」「分離」のプロセスが見事に表現されていることを、読者の皆さんにはいつも思いおこしていただきたいと思う。

## 第三節　無意識の世界

意識の重要性は幾ら強調してもし過ぎることはないのではあるが、但し、それでは、人間の心は意識によってのみ成立しているかと言えば、そのようなことはない。これは難しい理論づけをするまでもなく、例えば、日頃は聖人君子のように思われる人物が、お酒が入ると、まるで「別の顔」、例えば、普段は陽気な人間が、やたら「怒り出す」とか、「涙もろくなる」といったことからでも容易に理解されよう。あるいは、自分の夢を覚えておられる方なら、夢の中では、日常・現実の自分とはまったく異なる行動をしている「私」に時々驚愕もしておられるであろう。社会的・倫理的には許されないようなことも夢の中の「私」は実行に移していたり、あるいは、考えると嫌な気分になるので日頃は心の片隅に追いやっているようなテーマに、夢の中では追いかけられたりもするであろう。夢はその夢見手が見るのであるから、基本的には、どこか外界とか他者から送られてくるものと捉えるより、その夢見手自身の心のどこかにあるものが意識に現われでてくるものと理解する方が自然であろう。このように飲酒時や非常に疲労している時、あるいは、「夢」の中に、日頃・日常的・現実的・社会的には「意識」していない「顔・面」が出現する経験はほとんどの方が、自ら、あるいは、周囲の人々の中に観察しておられることと思われる。

心の中の「無意識」に注目した人物こそ、二十世紀初頭のフロイトとユングであった。第一章で森先生にご紹介いただいた無意識の発見者フロイトはモラヴィアのフライベルク（現在のチェコ・プルジーボル）で一八五六年に誕生し、三歳から最晩年の一九三八年、ナチスのウィーン侵攻までは、ずっとオーストリアのウィーンで暮らした（ユダヤ人であるフロイトはナチス侵攻と共に、ロンドンに亡命し、翌年の一九三九年にロンドン・ハムステッドにて八三歳の生涯を閉じた）。ユングはスイスで一八七五年に生まれ、一九六一年に八五歳で死去している。フロイトとユングは共に、心理的困難や精神的病を抱えた患者との心理療法的かかわりを経験する中で、「無意識」に対して大きな関心を寄せた。一九〇〇年にはフロイトの『夢判断』が出版されたし、一九〇四年には、ユングの「言語連想実験」の最初の論文が発表されている。一九〇七年二月にユングがウィーンのフロイトを訪れた時には、二人は意気投合し、ユングによれば実に一三時間にわたって休みなく話し続けたと記されている（Jung, 1961）。二人は数年の間、学問的に非常に密接な関係を結ぶが、二人の天才はやがてそれぞれの道を歩むことになる。

## 第四節　コンプレックス

フロイトが無意識に対してどのような考え方をとったかについては、前章までの森先生の印刷教材及び放送授業を参照していただくことにしたい。ユングは先ほど挙げた初期の研究「言語連想実験」の経験から、「コンプレックス」という表現を使うようになり、このコンプレックスという言葉は今日では多くの人々の日常語になった感さえある。只、日本語でコンプレックスという場合、今でも、「劣等感コンプレックス」の意味で使用されていることがあるが、劣等感コンプレックスは、無数のコンプレックスの中のひとつにすぎないことは、やはり指摘しておかねばならないだろう。

コンプレックスとは「強力な感情を伴った心理的な『渦』」とでも表現できるであろうか。例えば子ども時代に、経済的に本来はそれほど困窮した家計ではないところを、さまざまの事情から生活の上で、極端に「倹約」した日々を過ごさねばならなかった人、そしてこの「倹約生活」にまつわる両親間の葛藤・軋轢《あつれき》・衝突を日常的に経験してきた人は、事《こと》、「お金」とか「倹約」というテーマに関することになると、その人の通常の行動パターンとは異なった極端な「心理的反応」を示す可能性があると言えよう。友人や恋人のちょっとした「お金」に関する言動によって、この当該人物は過大に刺激される。自身も、法外に「倹約家」そのものであったり、逆に極端に「散財家」であったり、あるいは、この両者が交替で顔を出すという場合もあるであろう。このような人の心の「無意識」には、「お金」「倹約」といった事柄・テーマ・モティーフに関して、強力な感情を伴った多くの心理的傷・嫌な思い出・複雑な体験が文字通りに「渦」まいていて、この「渦」に触れるような出来事に出会うと、この「渦」が活性化して、日頃の「意識」や通常の「私」のコントロールの及ばない反応が生じてしまうと言ったらよいだろうか。「渦」に類似したイメージとして、例えば「乱気流」といったものを思い描いていただいてもいいのではないだろうか。各人は通常は熟練したパイロットなり自動操縦装置なり（心理学的には、これが「自我」「私という主体」と言うものに当たるであろう）のコントロールのもとに飛行しているが、大気中には「心理的乱気流」というものがところどころにあって、この「気流」の中に入るや、機体はコントロールを外れて激しく「動揺」する、時には大怪我をすることも生じるといったイメージとして捉えていただくとよいかもしれない。あるいは、「導火線が多数ある爆弾」とか、「表面の『覆い』部分がアチコチ薄くなってしまっている爆弾」とか、「ちょっとした刺激で活性化されて大雨を降らせる『前線』」といったイメージもコンプレックスを比喩的・具象的に理解するのによいものかもしれない。

　このような例からも理解されるように、コンプレックスというのは無数にある。大気中にはどこかに「前線」や「乱気流」があるように、心の無意識の中には、さまざまのコンプレックスが存在している。人間が生きてゆく以上、その人の秩序づけられた「意識体系」には収め難い「生活史上の苦い経験やら心理的傷」というものは不可避のものであって、それらは多くの場合、無意識の中で「心理的渦」や「心理的乱気流」として存在し続けることになる。「渦」はその内容に対応する外界の事象を引き寄せる傾向をも持つので、刺激しあう事象との遭遇・出会いも増え、その「遭遇」「出会い」がまた「傷」となって、「渦」は次第に「大型で強い勢力を持った台風」にまで成長することもあるであろう。

　ところで「コンプレックス」の核とか、中心となるものは、必ずしもフロイトが強調し、今日まるで流行語のように使われる「トラウマ（心理的外傷）」だけではない。そのような場合もあるが、そうでない場合も数多くある。例えばの話が「マザー・コンプレックス」。母親との間で特に心理的外傷体験がなくても、この世に「産みだされ」、多くの場合、数年から十数年にもわたって、良くも悪くも、独特の色《カラー》の濃密なかかわりが持たれる「母」なる存在をめぐっては、ほとんどの人々の心の中に「心理的渦」「コンプレックス」が形成される方が自然である。「マザコン」とは、したがって、母親から心理的に独立できない「母親っ子」だけにあるものではない。「この世に生を受け」「赤ん坊として人生を始め」、人類に特徴的なことだが相当の長期間にわたって「良きにつけ、悪しきにつけ、その『母なるもの』の心理的影響下に置かれる」人間の心の「無意識」には、その個人の意識体系に統合されるにはあまりに複雑で色濃い「母」をめぐっての「心理的渦」が生じざるをえないと言ってもよいであろう。

　そして「マザー・コンプレックス」もまた多くのコンプレックスの一例にすぎない。もちろん「ファーザー・コンプレックス」もあれば、「ブラザー・コンプレックス」「シスター・コンプレックス」、兄弟葛藤をめぐっての「カイン・コンプレックス」、そして「権威コンプレックス」「劣等感コンプレックス」もある。あるいは、フロイトが強調した「エディプス・コンプレックス」も、心理学に関心をお持ちの方ならばよくご存知のことであろう。「濃密な人間関係」「冷たい人間関係」「競合的人間関係」といったものは、すべてコンプレックスになりうるものであるし、「傷つき体験」ももちろんコンプレックスの大きなきっかけである。「性」や「死」はもちろんコンプレックスのほとんど代表的モティーフと言えるであろう。そのような意味で、人間がこの世で生きてゆく以上、コンプレックスの成立は不可避であることを今一度強調しておきたい。コンプレックスの勢力が「強力」である場合には、日常生活における摩擦や不具合、動揺・爆発の頻度が高くなるので、そのような場合には、カウンセラーや心理療法家《セラピスト》の手助けを借りながら、ゆっくりと自分の「コンプレックス・心理的乱気流」と向き合ってみることが必要になると言えるだろうか。「心理的乱気流」自身は消滅することはない場合でも、その「勢力」はある程度弱まったり、あるいは、その「乱気流」との接し方・回避の仕方、場合によっては、「前もってのシートベルトの着用」ができるようになるだけでも、「突然の遭遇」で「大怪我」をすることはなくなるのではないだろうか。

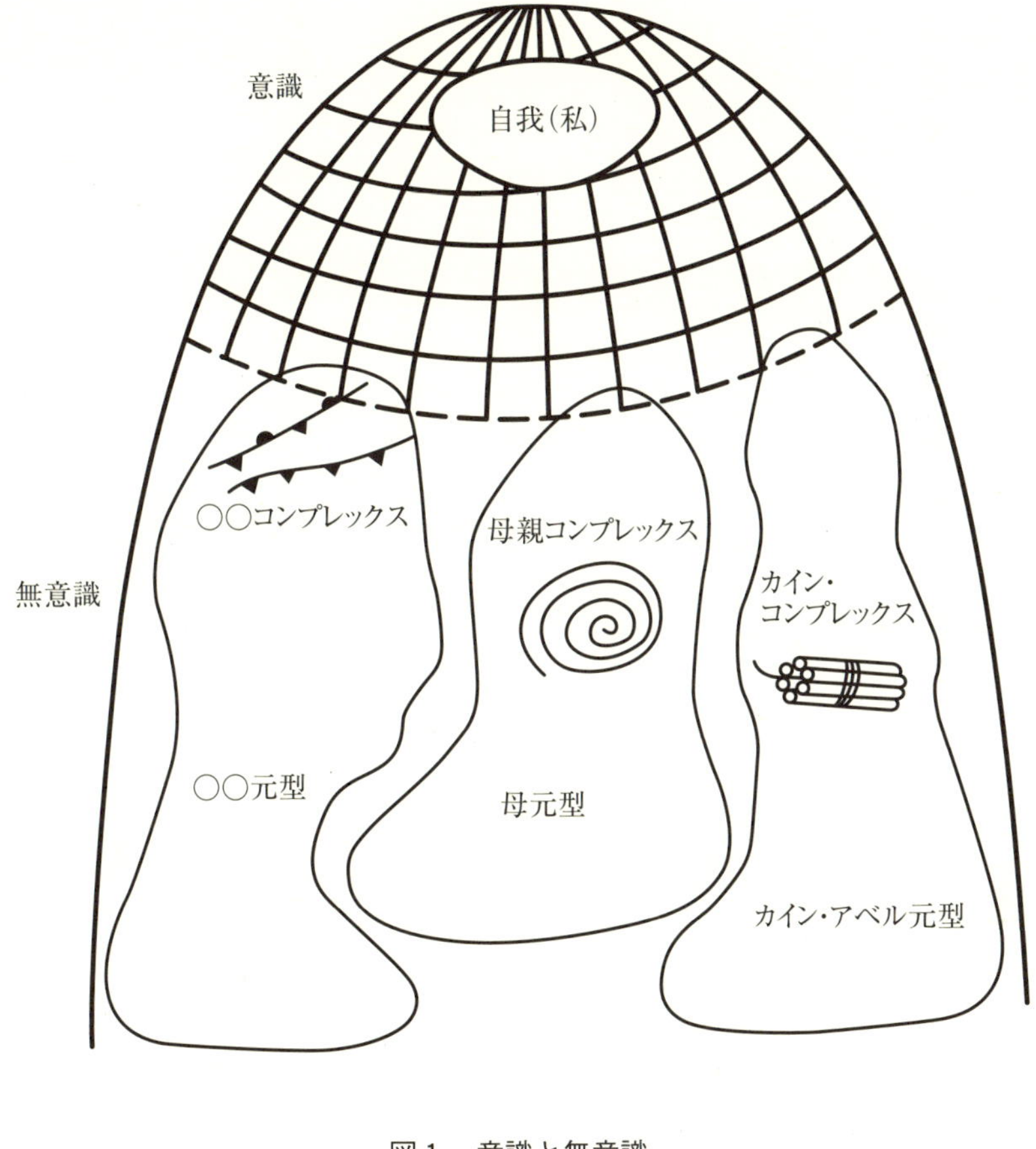
意識
自我(私)
無意識
○○コンプレックス
○○元型
母親コンプレックス
母元型
カイン・
コンプレックス
カイン・アベル元型

図1　意識と無意識

## 〈おわりに〉

意識・自我（私）・無意識・コンプレックスまでは、最低限の紹介ができたであろうか。ユングは、無意識の探求を進めるうちに、個々人の無意識内のコンプレックスだけでなく、どうやら、人類に共通のコンプレックスとでも表現できる存在があるらしいことを見出してゆくことになり、これを「元型」という言葉で表すこととなった。放送授業では、限られた時間ではあるが、「元型」について論を進めてみるとともに、ユングの言う「個性化の過程（㊫ individuation process ㊐ Individuationsprozeß）にも言及してみることにしたい。

## 文献


Jung, C.G. (1961) : Erinnerungen, Träume, Gedanken von C.G. Jung. Aufgezeichnet und herarusgegeben von Aniela Jaffé. Rascher Verlag : Zürich. (1971) Walter Verlag : Olten. p.153.

West, M.L. (1966) : Hesiod Theogony. Oxford. 廣川洋一（訳）（一九八四）ヘシオドス　神統記　岩波書店　五三五―六一六行。（ヘシオドスは紀元前七〇〇年頃におけるギリシャの詩人と言われている。）

West, M.L. (1978) : Hesiod Works and Days. Oxford. 松平千秋（訳）（一九八六）ヘシオドス　仕事と日　岩波書店　四二一―一〇五行。


### 《本章のテーマについてさらに深く学びたい読者に勧めたい参考文献》


（1）河合隼雄（一九六七）：ユング心理学入門　培風館。（二〇一〇）新装版。

（2）河合隼雄（一九七一）：コンプレックス　岩波書店。

（3）河合隼雄（一九七一）：無意識の構造　中公新書　中央公論社。
（4）河合隼雄（二〇〇三）：神話と日本人の心　岩波書店。

# 10 ペルソナ（面・顔）とゼーレ・ソウル（心・たましい）

大場　登

**《目標&ポイント》** ユング心理学についてある程度の勉強をされた方だと，「ペルソナ」という言葉は聞かれたことが多いのではないだろうか。但し，従来の「ペルソナ」の理解はかなり偏ったものであったと表現できるように思われる。「ペルソナ（面・顔）とゼーレ・ソウル（心・たましい）」は一対であって，実は，日本の精神分析家・土居健郎の言及した「オモテとウラ」と深い関連を持つ考え方である。

**《キーワード》** ペルソナ，顔・面，ゼーレ，こころ，たましい，ソウル，オモテとウラ

## 〈はじめに〉

ペルソナとゼーレとは対をなすものであって，ペルソナが「外界に対しての心理的構え・姿勢」（Jung, 1921/1981 p.499）の意味であるのに対して，ゼーレとは，「内界に対しての心理的構え・姿勢」（Jung, 1921/1981 p.499）を意味している。ペルソナは英語で言う person（㊥Person）「人・人物・人格」，personality（㊥Persönlichkeit）「人格・パーソナリティ・人柄」の語源であるのに対して，ゼーレとは文字通りにドイツ語の Seele，英語で言えば基本的には Soul，すなわち「ソウル」「心」「たましい」の意味でもある。ユング心理学に比較的馴染みのある読者は，ユング心理学

において、「ソウル」「たましい」という言葉を確かに、時々耳にすることを経験しておられるであろう。特に、最近はその傾向が顕著であるように思われる。但し、「たましい」という日本語は、実にさまざまのニュアンスで使われる。「身体」に対しての「たましい・魂」という意味のこともあって、身体的な「死」後に、では、「たましい・魂」はどうなるのかという難しい問題ともつながる。また、もう少し世俗的な脈絡では、「大和魂」とか、「日本人の魂」と言った使われ方をすることもあるだろう。そのような背景もあるので、河合隼雄がチューリッヒで一九六五年に日本人として初めてユング派分析家資格を取得し、日本に帰国して最初に出版した名著『ユング心理学入門』（河合隼雄 一九六七）では、このゼーレに対する日本語として、「たましい」という言葉は避けて、実に、慎重に、ひらがなの「こころ」という日本語表現を採用していた。河合はユングの言う「意識」と「無意識」を含めた全体としての「Psyche・psyche」が漢字の「心」で表されるとすると、この「心」とは区別した意味で、ユングが「ペルソナ」との対比として論じている「ゼーレ」「ソウル」、すなわち「内界に対しての心理的構え・姿勢」をひらがなの「こころ」と表現することにしたいとしていた。その後、日本でのユング心理学の理解が随分と深まった頃から、河合自身も「たましい」という日本語を比較的多く使うようになった［例えば、『宗教と科学の接点』（河合隼雄 一九八六）］が、この傾向は、ユング派のヒルマン（Hillman, J.）が「ソウル・たましい」を強調する姿勢を強く持ち［例えば、『魂の心理学』（Hillman, 1975/1997）］、ヒルマンの考え方が日本で紹介されるようになったこととも深い関係があるように私には思われる。本章では詳しく述べることは控えるが、ユング後のいわゆるポスト・ユンギアン（Samuels, 1985/1990）には、いろいろな立場があって、その中の「元型派」と称される立場の旗手の一人が、このヒルマン、さらにこの姿勢を強調・発展させた人物として、ギーゲリッヒ（Giegerich, W.）が挙げられ、この立場においては、「Soul」「たましい」という言葉が意識的に高頻度に使われている。（ヒルマンが使っている「Soul」「たましい」という言葉のニュアンスについては、別の機会に論じることにしたい。関心を持たれる読者はヒルマンの著書に直接あたっていただければと思う。）私自身、これまで、相当期間、この「ゼーレ」という言葉のニュアンスをどのような日本語の表現にしたらよいか悩み続けてきたが、現時点では、本章タイトルとして挙げた「ゼーレ・ソウル（心・たましい）」という表記が最適ではないかと思っている。どうしても実験心理学や自然科学のように、単一の定義・単一の言葉にすることが困難であるのが、人間の心に本質的に備わっていることだと思われるので、いささか迂遠な表記ではあるけれども、「ゼーレ・ソウル（心・たましい）」という表現を採用したい。この場合、ドイツ語のゼーレ（Seele）、英語のソウル（Soul）という言葉は、ペルソナ（面・顔）との関連で、「内界に対しての心理的姿勢・構え」であるとともに、ゼーレ（Seele）・ソウル（Soul）とは、もともとはギリシャ語の Psyche（心・たましい）の意であるという事情をも含意していると読者には理解していただきたい。つまり、ゼーレ・ソウル（心・たましい）とは、「内界に対しての心理的姿勢・構え」「内界への橋」（既述のヒルマンは、「パースペクティヴ・視点」と表現している）（Hillman, 1975/1997 p.21）であるとともに、その内界・心の本質そのものでもあるということになる。河合隼雄がユングにおいては、「意識」「無意識」の総体が Psyche と考えられていて、この Psyche が漢字の「心」と表記されるとすれば、ペルソナに対してのソウルは平仮名で「こころ」と表記されるのではないかと当時述べていたが、ドイツ語の Seele とは、ギリシャ語の Psyche であるし、ラテン語の Anima であるので、ユング自身、Seele の英語表現として、しばしばAnimaという言葉を使ってもいた。そして、このPsycheは、まさに心理学Psychologie・psychologyの語源であって、心・こころ・たましいのことである。したがって、Seeleという言葉は、特にペルソナとの関連においては「内界に対しての心理的姿勢・構え」であるが、同時に、「心・こころ・たましい」そのものでもあると理解していいのではないだろうか。

　興味深いことであるが、本講の姉妹編『心理カウンセリング序説』（大場 二〇〇九）で紹介したように、実は、フロイトが取り組んでいた「人間の心・こころ」も、ドイツ語では、なんと、この「ゼーレ（Seele）」という言葉で表現されていた。ところが、精神分析の英訳の過程で、「ゼーレ（Seele）」が、「Soul」ではなく、「マインド（Mind）」という英語に翻訳されたという大きな問題点があって、精神分析学派のベッテルハイム（Bettelheim）が、その著『フロイトと人間の魂』（傍点、大場）（Bettelheim, 1983/1989）において、このあたりのことを詳しく検討している。そのような意味では、ドイツ語表現の「Seele・ゼーレ」という言葉は、フロイトもユングもが生涯をかけて取り組んだ「人間のこころ」そのものと理解していただきうるものであることを読者にはぜひ意識しておいていただきたい。そして、このことは、本章の第二節で検討する「オモテとウラ」という日本語とも実に興味深い関連があるので、本章を読み進めてゆくことを楽しみにしていただきたい。それでは、ペルソナとゼーレ・ソウルという言葉でどのような心の現象が表現されているのか、ペルソナとゼーレ・ソウルはどのような関係にあるのか、そして、ペルソナとゼーレ・ソウルとは、具体的にはどのようなイメージとして現れうるのかについて検討を始めることにしたい。

## 第一節　ペルソナとゼーレ・ソウル

ペルソナとは、ユングによれば「外的客体に対する関係・外的な構え」(Jung, 1921/1987 p.499)「『ひとりのひとが、何ものとして現われるか』ということに関しての、個人と社会との間での一種の折り合い」(Jung, 1928/1984 p.57) と理解されるもので、「個における外界への構え・姿勢であって、個の期待・要請と、周囲・社会・集合的意識からの期待・要請との折り合いとして成立する」と捉えてよいであろう。この場合の「集合的意識」という言葉は、ユング心理学でよく使われる「集合的無意識」(本講・第九回放送授業参照) とは異なる意味であることに読者は注意していただきたい。「集合的意識」という言葉はフロイトに発する精神分析学派で使用される「超自我・上位の私」という言葉に少し似ている。但し、フロイトの言う「超自我・上位の私」という言葉が、親や社会の規範・倫理が個人の心に内在化されたものとして考えられているのに対して、「集合的意識」とは、個人に対して、絶えず外部から働きかける社会的伝統・慣習・風習・習わし・世間・規範といったものの総体を意味している。「個人的無意識」に対して、「集合的無意識」があるように、個人の意識に対して、社会的規範や「世間の目」という意味での「集合的意識」というものがあると理解されよう。ここで「世間の目」という言葉が使われたことからも、読者の皆さんには、ユングの「ペルソナ」というものが、遠い西洋の臨床経験の中から生まれてきたものであるにもかかわらず、日本人の心のあり方にも深いつながりを持つものであることをなんとなく感じていただけると嬉しいところである。というのも、「世間の目」の中で「個人」がどのように生きてゆくのかという課題は伝統的に、多くの日本人に負わされた心理的難題のひとつであると言ってもよいであろうから。

「外的客体に対する関係・外的構え・が存在するように、内的客体に対する関係・内的な構え・も存在する。」（Jung, 1921/1987 p.499）前者がペルソナ、後者がゼーレ・ソウルと名づけられる。ペルソナとゼーレ・ソウルは本来は相互に補完しあうものであるが、個々においては実にさまざまの関係にありうるものである。ペルソナがゼーレ・ソウルを通して、心の深層・明暗両側面を持つ集合的無意識の次元に開かれている場合もあるであろう。逆に、ペルソナが世間・集合的意識からの期待・要請にもっぱら応える姿勢となってしまっている場合には、そのペルソナはゼーレ・ソウルとのつながりを失ってしまっていると表現することができるであろう。あまり図式的に理解していただくのは、心の複雑さに対応しないことになってしまう危険があるのを承知であえて言えば、個人の意識（その主体が自我・私と考えられる）の「表側」には、社会へと向かったペルソナがあり、「裏側」には、内界・無意識界に通じるゼーレ・ソウルがあると表現することもできるであろう。ところで、ユング心理学に関心をお持ちの方々でも、ゼーレという言葉にはあまり親しみがない方も比較的多くいらっしゃるのではないだろうか。これは、ユングがドイツ語版ではゼーレという言葉を使っているところでも、既述のように、英語版では時々好んでアニマという言葉を使っていることとも関連しているであろう。アニマ・アニムス（アニムスはアニマの男性型）という言葉ならば、ユング心理学に関心をお持ちの方はこれまで耳にされたことが実に多いのではないだろうか。すなわち、よく説明される表現では、男性は、社会・世間からの要請によって、意識的・表側にはいわゆる男性的ペルソナ（今日の言葉ではいわゆるジェンダーということになるであろう）を身に付ける傾向が強いが、人間は生理学的、あるいはホルモンのレベルでも、そして心理的にも、本来は両性具有的、ないし全体的な傾向を持つものであるので、ペルソナとして生きられない、いわゆる女性的心性は、男性の心の中・無意識内に「女性像（アニマ）」として存在することになる、と。逆に、女性は（とりわけ伝統的には）社会・世間・集合的意識側から強力にいわゆる「女性らしさ」を期待・要請されるので、表側にはいわゆる「女性的ペルソナ」を身に付けることが多いのに対して、女性の心・無意識内には、生きられない「男性的面・傾向・心性」が「男性像（アニムス）」として成立することになる、と。ゼーレ・ソウルとは、このアニマ・アニムスの両者を包括する概念であるとの説明表現に出会った読者もおられるのではないだろうか。

そのように理解できる場合ももちろんあるのだが、ペルソナは、必ずしも男性におけるいわゆる「男性的ペルソナ」、女性におけるいわゆる「女性的ペルソナ」に限定されるものではない。集合的意識・社会・世間から期待・要請されるものとしては、性役割以外にも、無数のものがある（長男イメージ・カウンセラー役・スケープゴート・後継者・教授らしさ・強さ・ゴミ箱役・癒し系・肉食系・母親・お兄ちゃん・お姉ちゃん・先生・子ども・聖職者・大黒柱・四番バッター・囚人・看守・〇〇家の嫁・救済者その他）ので、この期待・要請と個との間で「折り合い」として成立するペルソナにも実に種々様々のものがある。その意味では、個・意識の表側で社会・世間・外界との間に成立する「ペルソナ」に対して、個・意識の裏側で無意識・内界との間に成立するイメージを表現する言葉としては、ユングがドイツ語版で使用した「ゼーレ」、あるいは、英語のソウルを使用する方が、もっぱら男性像・女性像と結びつけられがちなアニマ・アニムスという言葉よりも、より適切であるように私には思われる。但し、アニマ・アニムスという言葉も、実はラテン語に由来する言葉（ギリシャ語の Psyche）であって、本来はゼーレ（こころ）の意であるので、ゼーレとアニマ・アニムスは基本的には同義なのである。そして、男性において、ゼーレが女性像としてイメージ化され、この女性像（アニマ像）によって、当該の男性が広大な内界・無意識界へと導かれ、同様に、女性において、ゼーレが男性像としてイメージ化され、この男性像（アニムス像）によって、当該女性が内界・無意識界へと導かれてゆくことがあるのもよく見られる事実と言ってよいであろう。

## 第二節 表（オモテ）と裏（ウラ）

ユングの「ペルソナとゼーレ・ソウル論」は一九一六年、パリにおける講演をもとにしたフランス語版「無意識の構造」（Jung, 1916）において初めて提示され、それ以後十二年にわたる推敲を経て一九二八年にドイツ語で出版された『自我と無意識の諸関係』（Jung, 1928）において、より詳細に論じられている。また、一九二一年に出された『タイプ論』（Jung, 1921）でも、「ペルソナ・ゼーレ（ソウル）論」が紹介されている。非常に興味深いことに、ユングのこの「ペルソナ・ゼーレ（ソウル）論」にほとんど対応する視点が、ユングには全く言及されることなく、日本のフロイト派精神分析家・土居健郎によって、五十年以上を経て、まず一九七二年に英語で（Doi, 1972）、そして、一九七六年には日本語で「オモテとウラの精神病理」（土居 一九七六）として発表されている。

土居は、オモテとは、対人状況・対社会関係において外に見せるもの、ウラとは、外に見せないで内々にしておくものであると述べた後、日本語の古語において、オモテは「顔」を、ウラは「心」を意味していたという実に興味深い指摘をしている。「ウラはいわば秘められた心で、外に示される心がオモテとなると考えられる。ちょうど顔が心を現すとともに、顔に現れない心もあるように。」（土居　一九七六　二頁）続いて土居はオモテとウラの相補的な関係を指摘する。「オモテはウラをある程度表現するとともに、それを隠す役目を持っている。実際オモテの保護なしにウラを保つことはできないであろう。しかもそのオモテを演出するものは他ならぬウラである。言い換えれば、オモテなくしてウラはなく、ウラなくしてオモテはない。」（土居　一九七六　二頁）さらに土居はこのオモテとウラを意識構造の成立と関連づける。「オモテが出来るということは現実に適応するということであり、そこには当然超自我が関与している。またウラが出来るということは本能衝動が防衛されているということであり、そこにはもちろんエスが関与している。」（土居　一九七六　六頁）先ほど、ペルソナがフロイト派精神分析の「超自我・上位の私」と似た「集合的意識」「世間」と「個」との折り合いとして、そして、ゼーレ・ソウルが個と内界・無意識界との折り合いとして成立すると指摘したことを思い起こしていただければ、ユングの「ペルソナ・ゼーレ（ソウル）論」と土居の「オモテとウラ論」はほとんど対応したものであることを理解していただけるのではないだろうか。もちろん、「無意識」の捉え方が、土居においては「本能衝動」、ユングにおいては前章で検討したさまざまの「コンプレックス」、そして、前回の放送授業で言及した実に多様な「集合的無意識」や「元型」までが含まれているという大きな相違点はあるにしても、である。土居の「オモテとウラ論」において、日本語古語で「ウラ」とは「心」の意味であったとの指摘は、ユングにおいてゼーレ（Seele）というドイツ語で表現されていたものは、「ペルソナ・オモテ・顔」に対しての「ウラ・こころ」のことであったと理解せしめるものではないだろうか。既に指摘したように、河合隼雄はかつて、このゼーレ（アニマ・アニムス）を、日本語で「こころ」と表現していたので、土居の「オモテとウラ」論とユングの「ペルソナ・ゼーレ（ソウル）」論との共通性はかなり確実なものと思われる。

ところで日本人における「甘え」の研究者として著名な土居は、「甘え」と同様に、この「オモテとウラ」に対応する欧米語が見当たらないと指摘している。本テーマを論じた英語による論文でも、土居は“Omote and Ura”という日本語のローマ字表記を採用している。さて、どうであろうか？

## 第三節 「ペルソナ」と「顔・面（めん・オモテ）」

この疑問に答える前に、私は、ユング自身がペルソナ理解において、ある大きな偏りを見せていたことを指摘しておかなければならない。本講では「ユング心理学」という言葉を使っているが、当然のことながら、「ユングをいわば教祖とする」心理学体系を論じているわけではない。その意味では、国際的に使われている「分析心理学（Analytical Psychology）」の方が、「ユング心理学」という言葉より、本来はふさわしいと言えるであろう。ユングの視点は徹底的に興味深いものであるし、今日の心理療法においてもクライアント理解及びクライアントの心理的変容の過程理解に対して深い貢献をしていることは言を待たないが、だからと言って、「分析心理学」は、ユングが指摘したことを鵜呑みにしたり、「ユング語録」を信奉するような姿勢を要請するものでは全くない。時が移れば、人間も社会も変容する。人間や社会の変容に応じて、心理学自身も変容しうるものでなければ、どのような心理学であれ、命を失ったものとなりさがるであろう。分析心理学は根本的に心理療法・人間の心との徹底した取り組みの中から生み出されたものであるがゆえに、時の変化・社会の変化とともに絶えず変容するものである。さらには、当たり前ではあるが、ユング自身もさまざまの性向や事情を抱えた一人の人間である。時に、「偏り」があるのは自然でさえあるだろう。「ペルソナ」理解におけるユングの偏りとは、ユングがそもそも「ペルソナ」に言及しているのが、その膨大な著作の中で、一九一六年「無意識の構造」、一九二一年『心理学的タイプ論』、一九二八年『自我と無意識の諸関係』を主としていて、その後はほとんど例外的・散発的に言及しているにすぎないという事実からも窺うことができる。これに対して、ゼーレないしアニマ・アニムスとはユングは生涯取り組み続けたと言えるであろう。

さらには、ユングはペルソナの語源をギリシャ劇において俳優が顔につける「仮面」、そしてその仮面によって表される「役」に求め、「ペルソナ」の説明にあたっても頻繁に「仮面」に言及している。ところが、「ペルソナ」をもともとユングが提起したように、「個の期待・要請と周囲・社会・集合的意識からの期待・要請との折り合い」と捉えるならば、「俳優の『個』と、演じられる『役としての仮面』との折り合い」として成立するものこそがペルソナということになるはずである。したがって、もしこの仮面そのものをペルソナととってしまうならば、既にして「仮面ないし役との同一化」、ないし「ペルソナの硬化」と表現される事態が想定されていると考えられるべきものと思われる。「ペルソナ＝仮面」論によって、「ペルソナ」はそもそもの初めから、偏った貧弱な内容のニュアンスを与えられてしまったと表現してもよいのではないだろうか。

ここで日本の能楽師観世寿夫が能の女面について語っていることは非常に興味深い指摘である。「(女面系統の) 面を使用する場合には演者の顎をいくらか出して顔につけないと駄目なんですね。伎楽面は顎もはいっちゃうし頭もはいっちゃう。そういう仮面は女面などとは逆に、やってる人間がなにかに化けちゃうか、やってる人間の『自分』みたいなものをなくしてしまうかどっちかになっちゃうんです。それで（女面の場合〔大場による加筆〕）顎をちょっと出すんです。そうすると、やってる人間と面が、そこでぶつかりあって相克するというところに、劇的なものが生まれてくる。そうすると、そのやってる人間のもってるものというのが面を通してにじみ出てくる（傍点・大場）。」（渡辺守章、一九七八年）さらに、能で直面《ひためん》というと、役者が面を被らず、素顔でいることが意味されもする。日本語の「面」はメンとも読むが、同時にオモテとも読む。「面」は「人の顔」の意であり、「顔を覆う道具。マスク」の意味であり、「物の、平らに広がった部分（例えば表面・水面・面積）」（『大辞泉』増補・新装版）の意でもある。ユングのペルソナは本来は、「個の期待・要請と周囲・社会・世間・集合意識からの期待・要請との折り合い」であるので、それは、「役割」の意味での「仮面」ではなく、個人が社会で示す「顔・面（めん・オモテ）」と表現されるものであろう。英語で表現すれば"Face"なのである。

## 第四節　Face & Back

ここで扱われているテーマの詳細及び心理療法における「ペルソナ」に関心をお持ちの読者には是非、拙著（大場 二〇〇〇）を参照していただくとして、本章では既述の土居の「オモテとウラ」論に戻ってみることにしたい。土居は、オモテとは、対人状況・対社会関係において外に見せるもの、ウラとは、外に見せないで内々にしておくものであると述べ、日本語の古語で、オモテは「顔」を、ウラは「心」を意味していたと指摘していた。そして「オモテとウラ」に対応する欧米語が見当たらないと述べていたが、私自身はおそらく英語では"Face & Back"と表現されるものと考えている。ここに『研究社新英和大辞典』からその一部を引用してみよう。Face：一a．顔、b．面前、人前、c．（軽蔑・感嘆などの意味、また呼び掛けとして）人、二a．顔つき、顔色、表情、c．顔貌、三．面目、面子、五a．外見、外観、うわべ、見せかけ、六a．仮面、b．顔の化粧、七a．（地面・水・物の）表面、表、c．（裏面・側面と区別して）表側、正面、表、d．（建物などの）正面、f．（貨幣・紙幣などの）表、八a．（物の）装飾した方の面、b．（皿・飾り板などの）表、c．（トランプの）表、d．（布・皮などの）表、e．（文書・地図などの）印刷面、文面、（株券などの）券面、f．（本・本のカバーの）上側面、十．（数学・幾何における）面、その他であるが、これは、明らかに日本語のオモテ、漢字の「面（めん・オモテ）」に対応する言葉と考えてよいであろう。日本語の「オモテ」「面」も英語の“Face”も、共に、「顔」という意味合いと「表・表面」、そして「外観・みかけ」という意味合いを持つものなのである。

今度は“Back”を検討してみよう。一．（人間・動物の）背（中）、背部、二a．（物の）背面、後ろ、裏、かげ、b．裏庭、三a．（建物の）背面、裏（側）、b．裏側の部屋、c．裏部屋の住人、四a．後部、奥、背景、b．（心の）奥底、（事の）真相、五f．（椅子の）背もたれ、i．裏当て、裏張り、六．背骨 十一．本の背、その他であり、こちらも日本語の「ウラ」に対応する語であることがわかる。日本語の「裏（ウラ）」も英語の“Back”も「裏・裏面・裏側」という意味合いと「心・心の奥底」という意味合いを持つものなのである。“Face & Back”は、土居が「オモテとウラ」において強調するように、まさに「日常語」であって、「表と裏」「表面と裏面」「顔と心」「外観と真相」という意識の二重構造的意味を含蓄し、しかもまさに「コイン・紙幣の『表』（多くの場合、さらには人の『顔』が描かれている）と『裏』」「建物や皮・布における『表』と

『裏』」というようにいつも相補的な脈絡で使われる言葉である。

## 〈おわりに〉

ユングの「ペルソナ・ゼーレ（ソウル）」論の「ペルソナ」が従来のように「仮面」としてでなく、「顔・面」として理解される時、そして土居の「オモテとウラ」論が従来の日本人論としてでなく、"Face & Back" 論として人種や民族を超えて人間の心のあり方を普遍的に表現するものとして捉えられる時、「ペルソナ・ゼーレ（ソウル）」論・"Face & Back" 論という両視点は、興味深いことに、ユング心理学（分析心理学）とフロイト派精神分析のひとつの接点と理解することもできるのではないだろうか。さらに補足すれば、本章において私は、ゼーレ（Seele）というドイツ語をフロイトもまた、自らの精神分析学の対象としての人間の「心・こころ」の意味で使っていたと述べ、英訳の過程で、このゼーレ（Seele）が〈Soul・たましい〉にはならずに、より意識的あるいは、知的なニュアンスの強い Mind という英語になった（何故《なぜ》か、翻訳過程にフロイトは異議を唱えなかったし、当初、精神分析の「科学性」を強調したかったとされるフロイトには、宗教的ニュアンスも感じられる Soul よりは、Mind という英語の方がやはりふさわしいと感じられたということもひょっとしたらあったかもしれない）と指摘したが、ユングにおいても、ゼーレ（Seele）の英訳版において、Soul という言葉でなく、特に男性的心性・女性的心性というニュアンスと関連づけて、ラテン語の Anima/Animus という言葉が好んで使われていたこと、そして、ユングが「ペルソナ」の理解において、かなり偏った理解を示していたこと（フロイトとの訣別後、フロイトの精神分析に対して、とりわけ個々の人間の無意識内に潜む圧倒的な集合的無意識の世界、そして、「アニマ・アニムス」といった「元型」を無意識的に強調したかったということもあったのかもしれない)、土居もまた、「オモテとウラ」に相当する英語は見当たらないと述べたり(「甘え」論・「日本人論」として提起したいという強い想いもあったのかもしれない)と、この「ペルソナとゼーレ」「Seele・Soul」「オモテとウラ」をめぐっては、フロイトもユングも土居も不思議にも、私には、一種の混乱(?)と言えば少し強すぎるかもしれないが、少なくとも、「不思議な偏り」と思われる言動を示しているように思われる。前章の表現を使えば、あたかも何らかのコンプレックスが働いていたように見えるとさえ言えるかもしれない。「Seele」というのは、精神分析やユング心理学の根幹にかかわるものであるだけに、何とも不思議なことというか、「人間の心」と向き合うということの実に根本的な難しさが如実に表れていると理解できることなのかもしれない。放送授業では、ペルソナとゼーレ(ソウル)が、では実際に、どのようなイメージとして現れうるかについて、より具体的にペルソナとゼーレ(ソウル)を理解していただく試みと取り組んでみることにしたい。

## 文献


Bettelheim, B.(1983):Freud and Man's Soul. Rains & Rains. 藤瀬恭子(訳)(一九八九):フロイトと人間の魂　法政大学出版　九八-一〇七頁。

Doi, T.(1972):Omote and Ura:Concepts Derived from the Japanese 2-fold Structure of Consciousness. The Journal of Nervous and Mental Disease. 157:258-261. 土居健郎(編著)(一九七九)　精神医学と精神分析　弘文堂　三四一-三四七頁。

土居健郎（一九七六）：オモテとウラの精神病理　荻野恒一（編）分裂病の精神病理４　東京大学出版会　一‐二〇頁。

Hillman, J. (1975)：Re-Visioning Psychology：New York NY：Harper & Row. 入江良平（訳）（一九九七）魂の心理学　青土社。

Jung, C.G. (1916)：La Structure de l'Inconscient. Archives de Psychologie, 16：152-179., Die Struktur des Unbewußten. (1981) C.G. Jung Gesammelte Werke 7. Olten：Walter　292-337.

Jung, C.G. (1921)：Psychologische Typen.Zürich：Rascher. (1967) C.G. Jung Gesammelte Werke 6. Zürich：Rascher. 林道義（訳）（一九八七）タイプ論　みすず書房。

Jung, C.G. (1928)：Die Beziehungen zwischen dem Ich und dem Unbewußten. Darmstadt：Reichl. (1964) C.G.Jung Gesammelte Werke 7. Zürich：Rascher 松代洋一・渡辺学（訳）（一九八四）自我と無意識　思索社　五七頁。
尚、本章で採用している「折り合い」という訳語は筆者によるものであり、ここに掲げた訳書では「妥協」という日本語が使われている。原語はKompromissである。「妥協」という日本語はともするとネガティヴなニュアンスを持ちがちであるが、Kompromissという原語は本来ニュートラルなものであるので、本章ではその意を汲んで「折り合い」という訳語を採用した。

河合隼雄（一九六七）：ユング心理学入門　培風館　一九四頁。

河合隼雄（一九八六）：宗教と科学の接点　岩波書店　一‐三五頁。

大場　登（二〇〇〇）：ユングの「ペルソナ」再考‐心理療法学的接近　日本心理臨床学会・心理臨床学モノグラフ第一巻　創元社。

Samuels, A. (1985)：Jung and the Post-Jungians. Routledge & Kegan Paul. 村本詔司・邦子（訳）（一九九〇）ユングとポスト・ユンギアン　創元社。

渡辺守章（一九七八）：仮面と身体　朝日出版社　二二一頁以下。

## 《本章のテーマについてさらに深く学びたい読者に勧めたい参考文献》

（1）Bettelheim, B.（1983）：Freud and Man's Soul. Rains & Rains. 藤瀬恭子（訳）（一九八九）：フロイトと人間の魂　法政大学出版。
（2）土居健郎（一九七六）：オモテとウラの精神病理　荻野恒一（編）分裂病の精神病理4　東京大学出版会。
（3）河合隼雄（一九六七）：ユング心理学入門　培風館。
（4）大場　登（二〇〇〇）：ユングの「ペルソナ」再考‐心理療法学的接近　日本心理臨床学会・心理臨床学モノグラフ第一巻　創元社。

# 11 カインとアベル

大場　登

**《目標&ポイント》** 人類に共通のひとつの典型的な「心の葛藤・心理的『渦』」として、本章では、カイン・コンプレックスを取りあげてみることにしよう。「聖書」「古事記」から現代に至るまで、愛情をめぐっての兄弟姉妹葛藤は、殺意・殺害を伴う強烈なイメージに満ちている。

**《キーワード》** コンプレックス、元型、カイン・コンプレックス、カイン・アベル元型

## 〈はじめに〉

「父・母と子との間での『愛情』をめぐっての葛藤・心理的『渦』」が人間にとってのひとつの典型的な「(エディプス・)コンプレックス」、その意味で「元型」であるとすれば、「親の愛情」をめぐっての兄弟姉妹間の心理的葛藤・心理的「乱気流」も人間にとってのひとつの典型的コンプレックス、元型と言えるであろう。通常、心理学において「カイン・コンプレックス」と表現されるものがこれにあたるが、父・母と子との間での「愛情」をめぐっての心理的葛藤が「エディプス元型」と表現されうるように、本章のテーマも「カイン元型」あるいは「カイン・アベル元型」と表現する方が、本書のこれまでの記述からはより適切ということになるかもしれない。

## 第一節　カインとアベル

旧約聖書創世記において、イヴとアダムがエデンの園中央の「善悪を知る木」の実を食べたことによって、人間は「裸でいることを恥ずかしく思う」ようになり、禁制侵犯《タブー》のため神によって「土に帰るもの」（すなわち「死すべき者」）とされたことについては既に第九章で触れた。古事記においても伊耶那岐《いざなき》の命《みこと》のタブー侵犯によって、「生と死」の分離が生じたことにも既に言及した。心理学的に言えば、人間は「意識確立」の第一歩を歩みだしたのであったし、人間における『死』の誕生」「『有限性』の発生」と「意識化のプロセス」は切っても切れない関係にあることが理解される。

ところでエデンの園を追放されたアダムとイヴから兄・カインと弟・アベルが生まれた。カインは土を耕す者となり、アベルは羊を飼う者となった。カインは地の産物を主《しゅ》（神のこと）に献《ささ》げ、アベルは群れの中から肥えた初子《ういご》を主《しゅ》に献げた。主はアベルとその供え物を顧《かえり》みたが、カインとその供え物は顧みなかった。カインは激しく憤って顔を伏せた。そこで主がカインに言った。「あなたはなぜ憤るのですか、なぜ顔を伏せるのですか。正しい事をしているのでしたら、顔をあげたらよいでしょう。もし正しい事をしていないのでしたら、罪が門口に待ち伏せています。それはあなたを慕い求めますが、あなたはそれを治めなければなりません。」（『聖書』創世記4・6–7）カインは弟アベルを野原に連れ出し、これを殺した。主はカインに言った。「弟アベルはどこにいますか。」カインは答えた。「知りません。私は弟の番人でしょうか。」（同上 創世記4・9）主は言った。「あなたは何をしたのです。あなたの弟の血の声が土の中からわたしに叫んでいます。今あなたはのろわれてこの土地を離れなければなりません。この土地が口をあけて、あなたの手から弟の血を受けたからです。あなたが土地を耕しても土地は、もはやあなたのために実を結びません。あなたは地上の放浪者となるでしょう。」（同上　創世記4・10–12）カインは主に言った。「私の罰は重くて負いきれません。」「私は、あなたを離れて、地上の放浪者とならねばなりません。私を見付ける人はだれでも私を殺すでしょう。」（同上　創世記4・13–14）主はカインに言った。「いや、そうではない。だれでもカインを殺す者は七倍の復讐を受けるでしょう。」（同上　創世記4・15）主は、カインを見つける者が、誰もカインを殺さないよう、彼にひとつのしるしをつけた。

イヴが神の禁止にもかかわらず蛇の唆《そそのか》しによって「善悪を知る木」から実をとって食べ、結果的に人間に「意識」が生じたのと同じ主題が日本の神話・古事記にもあったように、「カインとアベル」に描かれる兄弟姉妹葛藤のモティーフも、日本の古事記の中に明確に認められる。それは多くの方がよくご存知、あるいはなんとなく思い出される「海幸と山幸」である。海幸と山幸は天孫・邇邇芸《ににぎ》の命《みこと》と木《こ》の花の佐久夜毘売《さくやひめ》の間に生まれた兄弟である。紙数の関係で、本章ではその詳細は省略することにするが、関心を抱かれた読者は、参考文献に掲げる「古事記」に直接あたってみていただければ幸いである。「兄弟姉妹葛藤」というテーマも、古今東西にあまねく存在する人間の心の普遍的葛藤、すなわちひとつの「元型」とみなすことができるように思われる。

## 第二節　兄弟姉妹葛藤（1）

「兄弟姉妹葛藤」と表現するとあまりに日常的・現実的な事象と思われる読者もおられるかもしれないが、実は、「兄弟姉妹葛藤」の背景には今見始めたような「カイン・アベル元型」という神話的レベルの心理的モティーフが働いているのである。一般の世の中においては、本書第十二章で扱うことになる「母」イメージをめぐっても、どうしても「優しい存在」「包み込む暖かさ」「生み育てる母性」といった肯定的でプラスの側面が強調されがちであるが、詳しく検討してみれば、もちろん「母」にはそれだけではない暗い諸側面もがあることがわかる。同じような意味で「兄弟姉妹関係」というものも、象徴的には「殺害」にさえ至りうる実に複雑で、おどろおどろしい側面を持った心理的現象と理解されうるものである。

この世において、兄ないし姉として、一年から数年間、両親ないし祖父母の関心・愛情を一身に受けていた人間存在にとって、「弟ないし妹」の誕生は、周囲が思うほど単純・簡単な出来事ではまったくない。弟・妹がこの世に産み落とされる、言わば実際の身体的誕生に先立って、母親の胎内に存在する時から、この「弟・妹」は強烈な「存在主張」を始めることになる。両親の心理的・身体的関心は今までとは明らかにアクセントを移動し始める。小さな子どもにとって、両親の関心あるいは家族の空気・雰囲気はその子どもにとっては多くの場合、世界そのものであり、宇宙そのものでさえあるだろう。そこに突然生じる両親の関心の移動・家族の雰囲気の変化は、その子にとってはまさに、宇宙的大変動とも表現すべき大きな変化である。一定期間、疑いもなく享受されていた両親・家族の愛情と関心（もちろん実際には例外も多い）は今や、新たに生まれてくる「小さな存在」へと方向を変え始める。母親の身体的・心理的状態はこれまでに較べれば不安定となり、（上の）子どもからのこれまで通りの働きかけは母親には「負担を伴うもの」となりうる。母親の醸し出すこの微妙な空気の変化・対応の変化（場合によっては「空気の変化」レベルばかりではなく、「言語的・心理的・身体的・行動レベルの変化」が明確であることも少なくない）を、敏感な子どもほど強烈に肌で感じとることになる。実際に妹ないし弟が生まれるとなると、この「親の関心・愛情の方向の移動」は、今や「姉・兄」となった子どもにとってはより極端なものと感じられることになる。最優先に関心が向けられるのは、なんと言っても生まれてきた「妹・弟」、そして、その次には、出産という大事業を終え、心身のマタニティブルーの中でも赤ん坊の世話をせざるをえない「母親」自身であることも多いであろう。母親が病院で出産する場合には、（いわゆる「里帰り出産」であろうと、その他の場合であろうと）これに加えて、「上の子」は、多くの場合、実に初めて「母性喪失」「母親からの分離」という心理的大事件に見舞われるにもかかわらず、周囲の関心は、この「大事件」にはほとんど向けられることはなく、もっぱら「生まれてきた小さな妹・弟」に向けられ続ける。挙句は、特に日本を始め儒教文化圏では、「お姉ちゃんなんだから」「お兄ちゃんだから」という、これまでとは明らかに異なる「存在様式」が要請され、「役割期待」が投げかけられることになる。心理的大混乱の中でも、小さな「弟・妹」と初対面した時には、「かわいい」と言葉にすることが、周囲からの圧倒的な空気で要請される。

この「突然の母性剥奪」とまさに同時に生じる「同胞への母親の強力な母性傾注」という「宇宙の大変動」は、ほぼ一年間にわたる心理的な「子宮後胎児期」「出産後子宮期」（誕生後一年間のこと）、十数年間にも及ぶ「依存」の時期を有する「人間」種にとって特異的な心理的外傷体験《トラウマ》のひとつになりうることはほぼ明確であろう。これに個人的・家系的な付加が少しでも加われば、この外傷体験がその子どもにとって、一生をかけて取り組まざるを得ない心理的課題となることも稀なことではない。

生まれてきた小さな「妹・弟」に対して、複雑きわまる感情を持つ「上の子」に対して、周囲からかけられる言葉は「かわいい妹（弟）ができてよかったね」一色《いっしょく》であることが多く、自ら望むことなく今や「兄・姉」となってしまった「上の子」は、その複雑な気持ちにもかかわらず、「小さな妹・弟」をかわいがるべき存在とさせられてしまう。「兄弟（姉妹）は仲よくするもの」という、少し考えてみればきわめて不自然な要請が両親・祖父母・周囲・社会から一斉に、しかも強力に課せられることになりがちである。

日本でも大きな関心を呼んだテレビ版『大草原の小さな家』（Ingalls Wilder, L.1935/1975）の「ローラの祈り」には、生まれてきた小さな子どもに対しての「上の子」の複雑な気持ちがよく描かれていた。両親と姉・妹と共に暮らす七歳の女の子ローラが小学校に通い始めた頃、母親は男の子を出産する。母親は初めての男の子の誕生をとても喜ぶが、ローラは両親の愛情をその小さな赤ん坊に奪われたように思い、「赤ちゃんなんて死んでしまえばいい」と思う。ところが、その後まもなく弟は本当に死んでしまい、ローラは弟の死が自分のせいだと思う。ローラは山の頂上まで一人で登ってゆき、亡くなった弟を返してもらおうと神様に祈る。寒い山の夜、一人の行者のようなおじいさんに会い、凍え死ぬところを助けてもらう。三日目にようやくローラを見つけた父親に「赤ちゃんは死んでしまったけど、お父さんにはローラがいるからいい、返っておいで。お前の祈りは神様にきっと届いたよ」と言われ、ローラは山を降りて家に帰る。

「赤ちゃんなんて死んでしまえばいい」というローラの想いは、弟・妹の誕生にめぐり合った子ども達の多くが心に抱く真実の気持ちの一側面であろう。

## 第三節 兄弟姉妹葛藤（2）

それでは兄弟姉妹葛藤、カイン・アベル元型は実際の「上の子」「兄・姉」にしか生じないものかと言うと、もちろんそんなことはない。世の中も人間も複雑であって、時代や文化、そして家系や両親の心理的背景によって、例えば「男の子」や「女の子」が徹底的に望まれるということもあるだろう。望まれない「性」を持って生まれる「下の子」もいれば、望まれる「性」を持って生まれる「上の子」も存在する。両親によって「まだ望まれない時」に生まれてしまった「兄・姉」という存在もあれば、両親によって「本当はもういいと思われている時」に生まれてくる「下の子」もいる。両親の生活・夫婦関係が安定した時期になって生まれてきた「末っ子《すえ》」という存在もあれば、逆に両親の心理的関係がまだよい時期に生まれた「上の子」というのもいる。経済状態が良好の時に生まれた「上の子」に対して、家計が悪化してから生まれる「下の子」というのもいる。夫婦関係が不安定という事情の中で、兄弟の一方がとても両親のどちらかに顔も性格も似ているという場合も比較的よくあるであろう。家系の中で偉大なる位置を占めていた「おじいちゃん」と瓜二つの顔をした第一子、家業創業者「おばあちゃん」が亡くなった日に生まれた第一子という存在もある。「末子長男」（「上の子たち」が「女の子」であって、末子ではあるが、「長男」として生まれてくる「男の子」）、あるいは、文字通りの「第一子長男」として生まれてくる子どもたちもいる。「第一子長男」と「三番目ではあるが初めての女の子」との間に生まれた二番目の「男の子」というものもいる。「上の子」か「下の子」が慢性疾患や障がいを持って生まれてくる場合も少なくない。病気や障がいを持って生まれた子どもが「両親」のケアーを徹底して受ける場合もあれば、残念ながら虐待を受ける場合もある。それぞれの場合にその「兄弟姉妹」として生まれてくる子どもたちもいる。

兄弟姉妹関係というものは、このように実にさまざまなものであるので、「兄弟葛藤」「カイン・アベル元型」というものもいつでも発生、ないし活性化しうるものである。そして、どんなに両親や一人親が平等に育てたとしても、あるいは、第三者から見てさえ、満遍《まんべん》無い愛情が注がれていたとしても、それでも、「兄弟姉妹」という人間関係があるところでは、「兄弟姉妹葛藤」「カイン・アベル元型」は動き出しうるものなのである。「兄弟姉妹関係」というものは、本質的に「親の愛情をめぐっての競合性」を否応《いやおう》なく伴ったものなのだと表現してよいであろう。

## 第四節　再び「カインとアベル」

「ローラの祈り」ではローラの気持ちは神様に届いたとされている。ここで私は、もともとの「カインとアベル」に今一度戻ってみることにしたい。「カインとアベル」は既述のように、アダムとイヴが神の禁止にもかかわらず「善悪を知る木」の実を食べてエデンの園を追放された時点での話である。カインとアベルはアダムとイヴから生まれた兄弟である。つまり旧約「創世記」のはじめに神が天地・昼夜・動植物等森羅万象の「天地創造」を行い、エデンの園を設け、アダムとイヴという人間を創造したまさに創世記・冒頭部分における主題である。

まずどうしても生じる疑問は、なぜ神はカインとカインが献げた供え物を顧みず、アベルとアベルが献げた供え物を顧みたのだろうか、という点である。が、この疑問には、後に取り組むことにして、ここでは、第二の検討事項から始めることにしてみたい。それは、神のいわば「仕打ち」を見て「激しく憤った」カインに対して、神が与えた言葉である。「あなたはなぜ憤るのですか、なぜ顔を伏せるのですか。正しい事をしているのでしたら、顔をあげたらよいでしょう。もし正しい事をしていないのでしたら、罪が門口に待ち伏せています。それはあなたを慕い求めますが、あなたはそれを治めなければなりません。」（創世記4・6–7）つまり、神は自ら理不尽と思われる行為をしておいて、これに「憤った」カインを非難しているのである。その上で神は、さらに、いわば人間カインに対して、第二の禁止（第一の禁止はアダムとイヴに対しての『善悪を知る木』の実を食べてはならない」であった）を与えている。「罪が門口に待ち伏せていて、お前を慕い求めるが、お前はこれを治めねばならない」と。確かに弟アベルへの神の愛情・関心に対しての「ねたみ」をカインは克服できなかったと評することもできるであろう。しかし、イヴを唆《そそのか》した「蛇」にサタン（悪魔）の密かな働きを感じることができるように、ここでも、神からの禁止が与えられた、まさにその時に、カインにサタンが忍び寄ったとは考えられないだろうか。もし、ここでカインが神の禁止を守って、自らの「ねたみ」を克服していたならば、「兄弟姉妹関係」における、あるいはそもそも人間関係における「『愛情』をめぐって殺害にまで及びうる激しい嫉妬」という根源的葛藤が明確に意識に「刻印」されることはなかったであろう。人間は天国的に「満ち足りた」「善人」のままであったであろう。「サタンの唆《そそのか》し」は旧約「ヨブ記」になると明白に表現されることになるが、「ヨブ記」に関してはユングが詳細に論じている（Jung C.G.,1952/1988）ことを指摘しておこう。このように見るならば、人間はエデンの園からの追放・意識化の進展・悪とのかかわりといった一連のプロセスを通って、初めて「人間化」されるのであって、それは、葛藤や苦悩に満ちた存在への変容であると言い換えることもできるであろう。そして、この人間化のプロセスには、「神とサタン」の両者が関与しているということもどうやら確実であるように思われる。放送授業ではユング心理学における「影」という視点についてもご紹介する予定だが、誤解を恐れずに言えば、サタンとは、心理学的には神の「影」と捉えられる存在であって、「影」の働きを通してこそ、人間の「個性化のプロセス」は進行すると言うこともできるであろう。

## 〈おわりに〉

本章では「兄弟姉妹葛藤」の背後に働く「カイン・アベル元型」について検討した。カインによる弟アベル殺しには、どうやら神が人間カインに対して与えた禁止とサタンによる唆《そそのか》しの両者が共にかかわっているようである。放送授業では、さらにこの点についての検討を続けると共に、印刷教材の本章で提起された疑問「神は、どうして弟アベルとアベルの献げた供え物だけを顧み、兄カインとカインの献げた供え物は顧みなかったのか」とも取り組んでみることとしたい。

### 文献

Ingalls Wilder,L.（1935）：Little House on the Prairie. Harper & Row .Landon,M.（脚色・監督）NHKテレビ　一九七五年十月十日放映。
日本聖書協会（一九七三）：聖書。

**《本章のテーマについてさらに深く学びたい読者に勧めたい参考文献》**

（1）Jung C.G.(1952) : Antwort auf Hiob. Zürich : Rascher. 林道義（訳）（一九八八）：ヨブへの答え　みすず書房。
（2）河合隼雄（一九七六）：影の現象学　思索社。（一九八七）講談社学術文庫。
（3）武田祐吉（訳注）・中村啓信（補訂）（一九七七）：新訂古事記　角川文庫。

# 12　「母」なるもの：「山姥」「魔女」

大場　登

**《目標&ポイント》** 西洋における「魔女」、日本における「山姥」は、人々を呑み込み、「死」に至らしめるほどに恐ろしい「顔・面」と、そして、人々を産み、養い、育て、慈しむ「顔・面」というふたつの「顔・面」を持つ存在である。「魔女」「山姥」が持つふたつの「顔」は、実は、臨床心理学的に非常に深い意味を持ったイメージである。印刷教材と放送授業の両者を通して、「母」なるものが持つふたつの「顔・面」について、そして、その「母」なるものとのかかわり方について検討してみることにしたい。

**《キーワード》** 「母」なるもの、山姥、魔女、「母」なるものの「殺害」

## 〈はじめに〉

本書のこれまでの記述から、どうやら人間の心の中・無意識の中には、個人的な心理的外傷《トラウマ》や幼少期の心理的経験に起因するだけではない、実にさまざまの、ほとんど「人類に共通の」と表現しうる「コンプレックス」「心理的『渦』」「心理的モティーフ」「心理的『型』」が存在するらしいことが読者にもなんとなく感じられてきただろうか？　ユングがこれを「元型」と名付けたことは、第十回の放送授業でも紹介したので読者には覚えていただいていることと期待したい。ある個人が執筆したのではなく、何百年・何千年という時の間、人々の間で語り継がれてきた昔話や神話

（「神話」はある個人が編纂したものであることもあるが、それでも、その素材となっているものは、その時までに既に人々の間に流布していた「神々の話」「大地や天空、地下、山々や海をはじめとする自然や人間の起源についての言い伝え」であることがほとんどである。「昔話」についても同様で、時々、若い人々から投げかけられる質問に、例えば「『グリム童話』というのは、グリム兄弟が書いたものではないのですか」という類のものがあるが、『グリム童話』は、グリム兄弟がドイツで「採集」、すなわち人々の口から直接聞いて集めた、「昔から伝わっている『お話』『お噺《はなし》』『お伽噺《とぎばなし》』」である。『ペローの童話』も、ペローがフランスで採集した「昔話」である。今日の日本で「昔話」と呼ばれるジャンルも、昔話研究者・民俗学研究者が、全国各地のいわゆる「語り部」に聴かせてもらって採集したものであるので、その意味で「口承文学」という表現もとられていると言ってよいであろう）は、このような人間種・人類に普遍的な心理的モティーフ・元型イメージの宝庫と言ってよいだろう。それだからこそ、本講でも、これまで「古事記」「聖書・創世記」「カインとアベル」といった神話的素材と取り組んできたことは理解していただいているものと思われる。興味深いのは、通常、「元型」や「神話」「昔話」に深い関心を寄せるのは、「精神分析」とは異なる「ユング心理学」の独特の傾向だと理解されがちであるように思われるが、実は、本書で森さち子先生が紹介されたように、ギリシャ神話の「オイディプス王」に魅かれ、「エディプス・コンプレックス」という人間に共通の「コンプレックス」を見出し、この「コンプレックス」と取り組み続けたのは、フロイトその人であったという事実である。この意味では、フロイトに始まる「精神分析」とユングに始まる「分析心理学・ユング心理学」は、やはり相当の親和性を持つものであり、フロイトこそは、「最初のユンギアン」であるとの表現さえできるのではないかと私は秘かに思っている。本講が「精神分析とユング心理学」というタイトルで制作されているのも故なきことでは決してない。以上は、本書全体に関してのちょっとした復習である。それでは、本章のテーマ「母なるもの」について、今回は、「神話」と並んで、「昔話」をも素材に取りあげて、検討してみることにしよう。

## 第一節　母なるもの

前章「カイン・コンプレックス（カイン・アベル元型とも表現しうるものであることは既に述べた）」が「親・両親、あるいは、『師』の愛情をめぐっての兄弟姉妹間（弟子間）の競合・葛藤」をめぐる「元型、あるいは、人類に共通のひとつの心理的コンプレックス」を主題とするものであったのに対して、本章では「母なるもの」という元型を取りあげてみることにしたい。「ギリシャ神話」に親しみのある読者ならば、「母なるもの」の典型的イメージとして、まずは「大地・ガイア」を思い起こされるであろう。ヘシオドスの『神統記』（West, 1966/1984）によれば、宇宙の最初に、原初の混沌ないし空洞であるカオス、続いて、大地・ガイア、そして、生殖力・エロスが生まれた。ガイアは自ら（つまり男神との交わりなしに）、天・ウラノス、高い山々、海ないし大波であるポントスを産み落とし、次には息子である天・ウラノスと交わって、ティタン神族（クロノスを末弟とする六人の息子たちとレイアを含めた六人の娘たち）を産んだ。読者は、日本の神話『古事記』における原母・伊耶那美《いざなみ》の命《みこと》が国産み・神産みを行ったことをも連想されるであろう。『古事記』における「伊耶那美《いざなみ》の命《みこと》」も「ギリシャ神話」における「大地・ガイア」も、「母なるもの」の典型的イメージのひとつである。「大地」こそは、春になると植物が新しい「生命」を芽生えさせ、夏を経て秋の「実り」「豊穣」をもたらし、そして、冬の訪れと共に、植物がいわば「死」んで帰るところである。冬の間、地上には、「春における『再生』」が訪れるまでの期間、象徴的には、「死」が支配している。人間の心の中には、個人的な父や母そのものではない「父なるもの」「母なるもの」という「イメージの元」が確実にあるようである。「大地・ガイア」における「植物の芽生え・実り・死」という面をより分化して引き継いでゆくのは、ゼウスの姉・デーメーテールであって、「デーメーテールと娘ペルセフォネ」という主題を取りあげるとすると、「母と娘」という、これはこれで典型的な一つの元型と取り組むことになるだろう。しかし、ここでは「デーメーテールとペルセフォネ」にはこれ以上、深入りしないで、もともとの「母なるもの」「大地」にとどまることにしたい。「大地」それ自体が、春・生命の誕生・新しい生命・土壌・土・芽生え・育ち・実り・豊饒・豊穣といった「生」「生み・養い・育てる」面・顔を持つとともに、「枯れて帰る（戻る）地」・冬・死・「死んで帰る（戻る）所」・生命を奪うもの・死が支配する世界・死者が埋葬される所・死者が赴く所といった「（生命を）奪う」面・「死」の側面・顔をも持つように、ギリシャ神話における「大地・ガイア」も天・ウラノスや山々、海・ポントス、そして原初の神々を産み出した一方で、そもそもの初めから、冥界・タルタロスとつながっている。あるいは、冥界・タルタロスは大地・ガイアの一部と言ってもよい。すなわち、大地・ガイアは明らかに「生と死」の両方の顔・面を持つのである。国を産み・神々を産むと共に、「黄泉《よみ》の国」（冥界）「根の国」「根の堅洲国」の神として、「死」を司ることになった「伊耶那美《いざなみ》の命《みこと》」とまさしく深い対応性を持つイメージと理解されよう。

「母なるもの」はこのように、一方で「生命・出産」といった側面を持つと共に、他方で、「死・

冥界」で象徴される側面をも持つものである。「母なるもの」は、さらにこの前者の「生命・出産」といった側面とつながるイメージとして、「子宮」「乳・食事・食べ物・栄養」「育てる・育《はぐく》む・抱える・包みこむ・匿《かくま》う」といった象徴性と関連することになる。同様の意味で、後者の「死・冥界」の側面とつながるイメージとしては、「埋葬・洞窟・墓」「死体・腐敗・蛆《うじ》・毒」「呑み込む・引き込む・取り込む・むさぼる・呪縛する・掴《つか》んで離さない・おびき寄せる」といった象徴性と深い関連を持つことになる。

## 第二節　魔女

不思議なことに、現代の日本の子どもたちや若者の多くは、ごく有名な幾つかの「日本の昔話」を除けば、むしろ、いわゆるグリム童話や、ディズニー映画を通した「眠れる森の美女」「美女と野獣」といった西洋のおとぎ話・メルヘンの方に親しみがある印象が持たれるがどうであろうか。「狼と7匹の小ヤギ」なら知っているが、「うりこ姫」は知らないという日本の若者は多いし、「シンデレラ」は何度も読んだり、「見たり」したことがあるが、「米福粟福《こめふくあわふく》」や「灰坊《はいぼう》」など聞いたこともないという子ども達はかなりの数にのぼるであろう。メルヘンの「魔女」はよく知られていて、おそらく「森で迷った兄弟」と「お菓子の家の魔女」の「ヘンゼルとグレーテル」を聞いたことがないという日本人はかなりの少数派に属するのではないだろうか。道に迷った兄ヘンゼルと妹グレーテルが「森の中の『お菓子の家』」におびき寄せられたあたりのイメージを、ここで読者に思いおこしていただくことにしよう。「この婆《ばあ》さんというのは、みかけは、いかにも親切《しんせつ》らしくしていましたが、ほんとうは、子どもたちのくるのを待ちぶせしている悪ものの魔女《まじょ》で、パンの家も、まったく子どもたちをおびきよせるためにこしらえてあるのでした。それで、だれか子どもが自分の手にはいると、ばあさんは、それを殺して、ぐつぐつ煮て、むしゃむしゃ食べるのです。」（傍点：大場）（Grimm, J. & W. 1812/1979. 一六五頁）やがて、ヘンゼルが料理されて食べられてしまうことになった日、グレーテルは魔女の命令で大鍋に水を入れさせられ、火を焚《た》かされた。そして、自らも既に焔がめらめらと燃えでているパン焼き釜の中に入れられそうになった時、グレーテルは「あたし、どうしていいかわかりゃしないわ。どうやってそんなかへはいるのよう」（Grimm, J. & W. 1812/1979. 一六八頁）と言った。魔女は、「ばかっ、がちょう！ 口はこんなに大きいんだよ、見てみなよ、おいらだってへえれるくれえなもんじゃねえかよ」（Grimm, J. & W. 1812/1979. 一六八頁）と言って、自分の頭をかまどの中に入れて見せた。まさに、その瞬間、グレーテルが魔女をかまどの中に突きとばし、鉄の扉をすばやく閉めて、掛け金をとめてしまったことを読者は遠い記憶として思いだされるだろう。こうして、魔女はかまどの中で焼け死に、グレーテルとヘンゼルは魔女の家の中にあった真珠や宝石をおみやげに、無事家に帰ることになった。意識の世界・通常日常社会では「母なるもの」が持つ「（生命を）産み出し、養い育てる」面・顔、すなわち、プラスの面、いわゆる肯定的でポジティヴな顔が強調されるだけに、「昔話」においては、「母なるもの」が持つマイナスの面、否定的でネガティヴな顔、すなわち「（子どもを）おびきよせ」「捕らえ」「つかんで放さず」、「呑み込み」「食べてしまう」、つまり、「死」をもたらす面・顔が見事に描かれている。これは、ちょうど個人が見る「夢」の世界で、「無意識」が、夢見手の一面的になりがちな「意識」の姿勢に対して、まるで対称的な姿勢を示す傾向を持つことと対応している。例えば、父親をとても尊敬している夢見手が、「ぐでんぐでんに酔っ払った父親を見て、どなりつける」という夢を見ることがあるが、これは、夢見手の「意識」に対して、無意識が「夢」を通して、「修正的な働き」をしていると理解することができ、ユング心理学では、第十回放送授業で述べたことになるが、「無意識」が持つ「補償（compensation）」という働き・機能と言われていることを読者には思い出していただきたい。「昔話」は、個人的レベルでなく、より集合的レベルで、社会における一般的な傾向・姿勢、意識的な「思い（込み）」を「補償」してくれる。（河合　一九七七　三四－三五頁）「母なるもの」に限ったことではないが、ほとんどの存在は、一面的に「すばらしく」「肯定的」であるはずはなく、「母なるもの」も、どうしても、「愛情に満ちた」「優しく」「慈しみ」「養い・育てる」面ばかりが強調されがちではあるが、よく考えてみれば、世界に光と影、陽と陰、善と悪、プラスとマイナスがあるように、「母なるもの」にも「暗い」側面、「死」の顔があることは当然のことで、既述の「神話」や「昔話」は、このような「母なるもの」が持つ「ふたつの面・顔」を実に生き生きと示してくれていると言えよう。（写真１・２「否定的な『母なるもの』」の例　写真３・４「肯定的な『母なるもの』」の例）

　ところで、魔女は西洋のメルヘンの世界の住人だが、日本の昔話において「魔女」にあたるイメージはどのような存在であろうか。そう、それは本章のタイトルの一部をなす「山姥」である。

## 第三節　山姥《やまんば》

　日本の昔話を知る子どもたちが少ないと前述したが、昔話に登場するイメージは、なにも文部科学省や教育委員会推薦図書の中にだけ「記述」されているのではなく、日本人の心の中に生きているのであろうから、「昔話」自体はそれ程知られていないとしても、昔話に現れていたイメージ・

写真１（左）：子どもを盗み取るラングダ
ノイマン『グレートマザー』
ナツメ社（1982年）より転載

写真２（右）：むさぼり喰うカリ
ノイマン『グレートマザー』ナツメ社（1982年）より転載

写真３（左）：仏陀の教えにより改心した後の鬼子母神
日本古寺美術全集第10巻『延暦寺・園城寺と西教寺』集英社（1980年）より転載

写真４（右）：金太郎を育てる山姥
原色浮世絵大百科事典第７巻『作品２　清長―歌麿』大修館書店（1980年）より転載

登場人物たちは、時に、水木しげるの漫画や宮崎駿のアニメ映画の中で復活することになる。昔話というものが、特に子どものためのものだけではなく大人のためのものでもあったことは、日本で『グリム童話』と呼ばれる昔話集が、ドイツ語原題では『グリム兄弟による「子どもと家庭のための御伽噺《おとぎばなし》」』とされていることからも窺い知ることができる。水木しげるの漫画や宮崎アニメが子ども達だけでなく、実にたくさんの成人日本人の心にも訴えるものを持つことはこの意味ではごく自然なことであろう。昔話のイメージは時代や年齢を超えて生き続けている。

本章でテーマとなっている「山姥」についても事情は同じで、ある時期、ほとんど「古語」となったかに見えた「山姥」が、突然「口裂け女」として日本中に再生するかと思えば、今度は、メイクやファッションの世界でも、女子高校生の間で突如「再現」したりする。それでも、本書で、「カインとアベル」、「伊耶那岐・伊耶那美」や「ヘンゼルとグレーテル」といった神話や昔話のイメージと取り組む際に、いつも、「神話」や「昔話」そのものを紹介してきたのは、神話・昔話の中の実際のイメージそのものに戻りたかったからである。アダムとイヴや伊耶那岐・伊耶那美、あるいはカインの神話についても、私達は、既に知っているつもりでも、いつの間にか、本来の神話的イメージが日常化されてしまっていることは比較的多いと思われる。分析室やセラピールームでクライアントから聴かせてもらうクライアントが見た「夢」についても、話し合いをしているうちに、もともとの夢イメージがいつの間にか日常的なイメージになってしまっていたり、いわゆる「無害」なものになってしまうことも臨床的に時々経験させられる。ユング派心理療法では、したがって、いつも「夢イメージそのもの」に戻るように注意が払われている。

そこで、本章でも昔話の「山姥」そのものに戻ってみることとしたい。「山姥」は日本の多くの昔話に登場するが、ここでは、その一つの代表的なものを取りあげてみることにしよう。

## 第四節 「牛方《うしかた》と山姥《やまんば》」

「牛方と山姥」にはさまざまのヴァリエーションがあり、タイトルも「馬子と山姥」「鯖売りと山姥」その他いろいろである。子どもの頃、「お話・お噺」「昔話」として聞かせてもらった方や、絵本で読んだ記憶がある読者も比較的多くおられるのではないだろうか。本節では『日本昔話大成』(関敬吾 一九七八 一五八－一八一頁)に紹介されているさまざまの類話から、ほぼ共通と思われる粗筋《あらすじ》を以下に紹介してみることにしよう。

正月を迎えるにあたって、牛方や馬子が町に買い物に行く。魚や数の子《かずのこ》、塩などを、馬ないし牛に負わせて山道・峠にさしかかる。すると「山姥」「鬼婆」が現れる。「山姥」の髪の毛は真っ白い銀の針金みたいで、目は大きく、口は耳まで裂けて、赤い舌を出している。牛方・馬子に、馬・牛に乗せているものを所望し、さらには、馬や牛まで食べ始める。牛方・馬子は恐ろしくなって、必死で逃げる。そのうち遠くに灯りが見えたのでその家へとかけてゆく。家の中に入り、ホッとして天井裏・屋根裏・二階で休むことにする。しばらくすると、なんと、先ほどの「山姥」が帰ってくる。「山姥」は餅を焼いて食おうとする。餅が焼けたので、「山姥」は醤油を取りに行く。その間に、天井裏の牛方・馬子は竹の棒で餅を突き刺して食べてしまう。もう一度餅を焼くが、同じように牛方・馬子が食べてしまう。「山姥」は家の鼠《ねずみ》のせいかと思って、もう寝ることにする。「山姥」は大釜・唐櫃《からびつ》の中に入って寝る。牛方・馬子は天井裏から降りてきて、外から大きな石を拾い集めてくる。釜のふたの上に大きな石を山のように積み上げる。さらに、釜の下には、よく燃えそうな枯れ枝をたくさん入れて火をつける、あるいは熱湯を注ぎ込む。「山姥」は焼き殺される。話のむすびは実にさまざまで、「焼き殺される」だけで終わるものもあれば、翌朝になって釜のふたをあけてみると、「山姥の黒焼き」「古狸の黒こげ」「山蜘蛛の死体」「松脂《まつやに》」があったとか、そこで「山姥の黒焼き」「松脂」を売って長者になったというのもあれば、蓋をあけてみると、「銀貨」「金や着物」が見つかったというのもある（岡朱実 二〇〇二）。火がボウボウ燃えはじめたところで、「山姥」が牛方・馬子の仕業《しわざ》と気がつき、「庭・縁の下・座敷の隅」にある「宝物・金の入った瓶《かめ》・小判」をやるからと命乞いをするが、牛方・馬子はこれを聞き入れず、「山姥」が死んだ後で「宝物」を探し出して持って帰るというものもある。

## 第五節 「魔女・山姥」の殺害

「魔女」と「山姥」が相当の共通性を持つイメージであることは明らかであろう。両者とも「森」や「山」に住む「老婆」で、「子どもたち」や「魚・牛・馬・人間」までも食べてしまう・呑み込んでしまう。食べる事やお菓子に料理・餅《もち》焼き、パン焼き釜や大鍋・大釜という、本章第一節で述べた心理学的「母なるもの」のイメージと深く結びついている。人間の心理的な発達は、当初「包み込まれ」「抱えられ」ていたこの「母なるもの」から、今度は、分離・独立・出立してゆくものでもある。人間とは、ある意味で面倒なもので、初めは「生命そのものを産み出してもらい」、「ミルク・食事・栄養を与えられ」「抱えられ」「護られ」なければ、それこそ一日として生きながらえることもできなかったのにもかかわらず、時が来れば、この同じ「抱え」や「包み込み」が、「取り込み」「掴んで離さない」「呪縛・束縛」と感じられることになる。あるいは「抱える」「包み込む」ということ自体が、時間の経過と必ずしも無関係に、プラス・マイナスのふたつの「顔」「面」を持っているとも表現できるであろう。個人と「母なるもの」「抱えるもの」との間の関係性の変容は、外的・現実的に、個人としての「母親」や「家」「家族」「所属組織」とのかかわりとしてでもあれば、内的・心理学的に、「母胎・故郷・大地・（保護されていた）子ども時代・無意識的存在様式・無意識それ自体」とのかかわりにおいてでもある。独立・出立というのは、個人的「母親」や「家」「家族」からのものでもあれば、無意識・心理学的大地からの「自我・私」の分離・独立でもある。

本講の姉妹科目『心理カウンセリング序説』（大場 二〇〇九）第十三章及び第十三回放送授業において「力・権力・権威」（「父なるもの」と密接なつながりがあるものと見ることもできるし、「父なるもの」を異なる言葉で表現したものと理解することもできる）にはプラスの面・マイナスの面があり、「力・権力・権威」「父なるもの」が「秩序」をもたらすものでもあれば、場合によっては、「圧制・弾圧」となりうるものでもあると指摘したことと事情は同じである。「父なるもの」がなければ、心理学的無秩序・無政府が支配することになるが、ある時が来れば、「父なるもの」を倒さなければ、「新しい時代」「新たな秩序」「新しい体制」「新風」は生じない。このことは、外的・現実的には個人としての「父親」「師」「社会的権威」「体制」とのかかわりにおいてであるし、また内的・心理学的には、意識体系・意識の秩序体系、意識の持つ構造体系、あるいは、心の中の倫理意識や力・上なるもの・導くもの、すなわち、内的な「父なるもの」とのかかわりにおいてでもある。

時が来れば、「父なるもの」への「反逆」、「父なるもの」の「殺害」が必要であるように、時が来れば、「母なるもの」への「反逆」、「母なるもの」の「殺害」も必要である（読者には、「殺害」が象徴的・心理学的次元のものであることを理解していただけているものと思う）。「去勢」というイメージが「父なるもの」への「反逆」・「父なるもの」の「殺害」のひとつの最適の「象徴」である（既述の大地・ガイアと天・ウラノスから生まれた末弟クロノスは、横暴を極める父・ウラノスの男性器をガイアから与えられた大鎌で切り取った）とすれば、「かまど・釜で焼き殺す」イメージは「母なるもの」への「反逆」・「母なるもの」の「殺害」のひとつの最良の「象徴」である。

ここで本章の執筆者である私は、「母なるもの」の「殺害」をめぐって、ひとつの「父なるもの」の「殺害」と敢えて取り組んでみることにしたい。かつて河合隼雄は、日本の昔話における「母なるもの」を詳細に検討した。『昔話の深層』において、河合は「牛方と山姥」にも触れながら、「山姥」の「凄じい呑みこむ力」（河合 一九七七 三三頁）に言及している。しかしながら、同書の中で河合はまさに「ヘンゼルとグレーテル」を論じながら、「自我の確立の過程に不可欠な母親殺しの主題は、西洋に特徴的なものである。これが東洋においてはどうかという点は非常に難しいことである」（河合 一九七七 六四頁）と指摘している。あるいは、仮に山姥が殺されるお話があったとしても、殺してみると、蜘蛛だったとか、狸、むじな、蛇だったというものが多い、「山姥が殺されるときは、太母の否定的な側面が動物で示されるような、相当に本能的な段階へと退行した状態にあるのであろう。あまりにも低い次元にまで退行した母性には、日本人でも許容し難いことを示しているものと思われる」（河合 一九八二 六一－六二頁）と指摘している。確かに、河合の指摘した「母親殺し」が生じない形での東洋的、あるいは日本的な「個性化の過程」という視点は、西洋からの単なる借り物でない、非常に優れた独自のものであることにまったく異論はないが、但し、河合は、「ヘンゼルとグレーテル」とまさに比較した「牛方と山姥」において、主人公の牛方・馬子が「山姥」を「焼き殺した」という決定的な点を、不思議にも、無視（あるいは見落と）してしまったように私には思われるが如何であろうか？　「魔女」「山姥」を「焼き殺し」、「宝物」を獲得するという点において、「ヘンゼルとグレーテル」と「牛方と山姥」に本質的な違いはない、むしろ驚くほどの共通性を見せていると私には感じられる。本書第十章「ペルソナ（面・顔）とゼーレ・ソウル（心・たましい）」において、私は、フロイトやユング、あるいは日本人に特異な「甘え」論を展開した土居健郎の非常に優れた業績を紹介しながら、それでも、ある不思議な「偏り」をも指摘したが、ひょっとすると、ここでも、同じようなことが言えるのかもしれない。読者はどう思われるだろうか。

## 〈おわりに〉

本章では、「母なるもの」「母元型」と取り組んだ。本書は放送大学の「印刷教材」ではあるが、私は、いわゆる「教科書」「諸説の紹介」という意味での「印刷教材」を書いているのではなく、私という個人を通しての「ユング心理学」との格闘をしているということを読者は感じ始めていただけているのではないだろうか。河合が「母親殺しの主題は、西洋に特徴的」と述べているのに、私は、敢えて「牛方による『山姥殺害』」を指摘した。ところで私は、第十章において「『ユング語録』を信奉するような姿勢は持たない」とも書いているが、本節の最後にあたって、私の好きなユングの言葉を引用しておくことにしよう。「学問をするということは正しさを競う争いではなく、認識を豊かにし深めるための作業だ、と私は考える。」（Jung, 1952/1992）

## 文献


原色浮世絵大百科事典編集委員会（編）（一九八〇）：作品2　清長―歌麿　原色浮世絵大百科事典第七巻　大修館書店。

Grimm, J. & W.（Hrsg.）（1812, 1915, 1857）：Kinder-und Hausmärchen.　金田鬼一（訳）（一九七九）完訳グリム童話集　岩波文庫。

Jung, C. G.（1952）：Symbole der Wandlung. Analyse des Vorspiels zu einer Schizophrenie. Vierte, umgearbeitete Auflage von „Wandlungen und Symbole der Libido"（1911）, Zürich : Rascher.　野村美紀子（訳）（一九九二）変容の象徴　筑摩書房（一九八五）変容の象徴（下）筑摩文庫　三二九頁。

濱田　隆（著者代表）（一九八〇）：延暦寺・園城寺と西教寺　日本古寺美術全集第一〇巻　集英社。

河合隼雄（一九七七）：昔話の深層　福音館。（一九九四）講談社プラスアルファ文庫。

河合隼雄（一九八二）：昔話と日本人の心　岩波書店。（二〇〇二）岩波現代文庫―学術。

Neumann, E.（1956）：Die große Mutter—Eine Phänomenologie der Gestaltungen des Unbewußten. 2 Auflage, Zürich : Rhein Verlag.　福島　章・町沢静夫・大平　健・渡辺寛美・矢野昌史（訳）（一九八二）グレートマザー　無意識の女性像の現象学　ナツメ社。

大場　登（二〇〇九）：心理カウンセリング序説　放送大学教育振興会。

岡　朱実（二〇〇二）：深層心理から見た神話・昔話について　放送大学「発達と教育」専攻・卒業研究。

関　敬吾（一九七八）：日本昔話大成第六巻　角川書店　一五八―一八一頁。

West, M. L.（1966）：Hesiod Theogony. Oxford.　廣川洋一（訳）（一九八四）ヘシオドス　神統記　岩波書店。（ヘシオドスは紀元前七〇〇年頃におけるギリシャの詩人と言われている。）


**《本章のテーマについてさらに深く学びたい読者に勧めたい参考文献》**


（1）河合隼雄（一九七六）：母性社会日本の病理　中央公論社。（一九九七）講談社プラスアルファ文庫。

（2）河合隼雄（一九七七）：昔話の深層　福音館。（一九九四）講談社プラスアルファ文庫。
（3）河合隼雄（一九八二）：昔話と日本人の心　岩波書店。（二〇〇二）岩波現代文庫―学術。
（4）Neumann, E.（1956）：Die große Mutter―Eine Phänomenologie der Gestaltungen des Unbewußten. 2 Auflage, Zürich:Rhein Verlag. 福島章・町沢静夫・大平健・渡辺寛美・矢野昌史（訳）（一九八二）グレートマザー 無意識の女性像の現象学　ナツメ社。

# 13 異類婚姻譚

大場　登

**《目標＆ポイント》** 異類婚姻譚と呼ばれる昔話にはさまざまの「異類」と「人間」、「男」と「女」のかかわりが見いだされる。グリム童話によく見られる「結合・結婚」イメージは、世界の異類婚姻譚の中では、ひとつの「話型」にすぎない。日本の昔話では、「夕鶴」を思い起こすまでもなく、いわゆる「結末分離型」が圧倒的である。世界の「異類婚姻譚」には、その他にも、さまざまな可能性が見いだされる。「異類婚姻譚」で言う「異類」と「人間」、そして「男」と「女」のかかわりとは、臨床心理学的にはどのように理解することができるのであろうか？

**《キーワード》** 異類婚姻譚、異類と人間、女と男、結合、分離

## 〈はじめに〉

昔話の中に「異類婚姻譚《いるいこんいんたん》」と呼ばれる興味深いジャンルがある。人間といわゆる「異類」、すなわち、人間以外の動物・妖怪・神的存在といった「異類」との間の「婚姻」をめぐっての「お噺《はなし》」「譚《はなし》」のことである。「異類婚姻譚」という言葉はいささか難しい表現であるが、日本の方ならば、例えば「鶴女房」とか「夕鶴」と聞けば、「ああ、あの鶴と人間の結婚の話か」と思い起こさ

れるだろうし、「羽衣」と聞けば、「ああ、あの天女と人間との出会いと別れの話か」と記憶を手繰《たぐ》り寄《よ》せられるのではないだろうか。グリム童話が好きな方であったら、その第一番（Grimm, J.& W., 1812/1979. KHM 1）「蛙の王様」を連想される読者もおられるであろう。そう、金のボールを泉の中から拾ってきてくれたら「友だち」になってあげると「お姫さま」は蛙に約束する。ところが、ボールを拾ってきてくれた「蛙」があまりにしつこくつきまとうので、「お姫さま」は最後には、ついにこの「蛙」を壁にたたきつける。そうすると、なんと「蛙」が美しい王子様に変身したというお話である。若い世代の日本人には、ディズニー映画の「美女と野獣」と言えば、「そうか、『美女と野獣』も、この『異類婚姻譚』のひとつなのか」と思われるのではないだろうか。本章で検討することになる「猿婿入《さるむこいり》」や「蛇女房」も「異類婚姻譚」のひとつであって、「異類婚姻譚」は、世界各地に認められる昔話の中のひとつの典型的な話型《わけい》である。

## 第一節　「ハッピーエンド型・異類婚姻譚」

「蛙の王様」や「美女と野獣」は、キリスト教普及後のヨーロッパの「異類婚姻譚」の典型と言ってよいであろう。この「結末が結婚」に終るいわゆる「ハッピーエンド型・異類婚姻譚」はヨーロッパの代表的なものと思われ、それに対して、日本の「夕鶴」（「鶴女房」）などに典型的な「結末分離型・異類婚姻譚」は、日本に特殊なものとみなされて、文化論・日本人論・心理療法論としても多くの研究者の関心を買ったものである（小澤 一九七九、河合 一九八二、一九八九、織田 一九九三）。但し、ドイツには「ウンディーネ」、フランスには「メルジーネ」という「結末分離型・異類婚姻譚」が認められるし、アイルランドやスコットランドあるいは、スカンディナヴィアに残るヨーロッパの古いケルト文化圏には、いわゆるハッピーエンド型でない「異類婚姻譚」（例えば人間の男と本来はアザラシである女性との結末分離型・婚姻譚）が残っている。また、中南米にも「非ハッピーエンド型・異類婚姻譚」はよく認められるので、どうやら世界の「異類婚姻譚」には実にさまざまの話型があるというのが、現在の私の印象である。

　それでもキリスト教普及後のヨーロッパに多く認められる「ハッピーエンド型・異類婚姻譚」もひとつの代表的「異類婚姻譚」であることに変わりはなく、ユング心理学からの昔話へのアプローチに際して当初好んで取りあげられたひとつの典型的昔話であるとさえ言えるであろう。この話型の特徴は、主人公の一方である「異類」は、魔法で「異類」に変えられていたのだが、人間主人公側の「愛情」や、あるいは逆に、時満ちた時点での人間主人公側による「異類」への「破壊的対応」（例えば上述「蛙を壁にたたきつける」あるいは、「首を切り落とす」）によって、魔法が解けて「異類」は人間の姿に戻り、多くの場合、もともとの人間主人公側と結婚するというものである。

　臨床心理学的には、この「ハッピーエンド型・異類婚姻譚」は、「自我意識」としての人間主人公が「無意識」との間のつながり・交流を失っていた心理的状況から、さまざまの課題と取り組む中で、「無意識内の異性像（とりわけ女性像）＝異類」を獲得、すなわち、「無意識とのつながり」を回復するプロセスとして理解されるものであろう。あるいは、心理的課題を克服した後には、「異類・動物イメージ」で象徴される「本能的・身体的・性的側面」との「かかわり」「つながり」が、「結婚」というキリスト教文化における異性同士の関係の「形式・器・型」の中では承認されると理解することも可能かもしれない。あるいは、そもそも「異類婚姻譚」というものは、もっと文字通りに、男と女というものは、現代人が思い込んでいるようには実は「同じ人間同士」ではなくて、本当は、象徴的にはほとんど「異類同士」と捉えられうる存在であって、この「異類」としての男と女の結びつき・かかわりには、実に複雑で困難な課題が伴っていることを表現しているものと理解することもできるかもしれない。

## 第二節 「猿婿入《さるむこいり》」

第一節「ハッピーエンド型・異類婚姻譚」の対極をなすひとつのタイプが、日本の「猿婿入」と言ってもよいであろう。『日本昔話大成』（関 一九七八ａ）の中から、心理学関係者に比較的よく知られている話型をまず取りあげてみることにしよう。実は、この話型は「猿婿入」の中でも、「嫁入《よめいり》型」「南西型」あるいは「水瓶《みずがめ》型」と呼ばれる（福田 一九七七）タイプである。発端は、一人の爺さん（父親）が田の水涸《か》れ、あるいは畑打ちで苦労している場面である。爺さんは「誰か助けてくれたら、娘の一人を嫁にやるのになぁ」とつぶやく。すると、猿が現れて、たちまち田の水引き、ないし畑打ちをやり終えて、娘をもらうことを約束して帰ってゆく。爺さん（父親）が困って、三人の娘に頼んでみる。上の二人は怒ってこれを断わるが、三番目の末娘は猿への嫁入りを承知する。猿が迎えにやってきたので、娘は、鏡をふところに入れ、猿に水瓶を背負わせて山道を歩く。谷川ないし池のところで娘は鏡をわざと落とし、猿にとってくれと言う。猿は鏡を取ろうとして谷川・池の中に入って行き、背中の水瓶の重さで流され・溺れそうになる。猿は、「さるさるの死する命は惜しまねど　おとづる姫が泣くぞ悲しき」と辞世の句を詠みながら流され・溺れる。娘は家に帰る。父親から田を全部もらう（あるいは姉二人は家を追い出される・娘は庄屋の嫁になる）。

「南西型」と呼ばれるのは、この話型が日本の南西地域で採集されることがほとんどであるからであり、「嫁入《よめいり》型」「水瓶型」と呼ばれるのは、後に紹介する「里帰り型」とは異なって、娘は迎えに来た猿に「水瓶」を背負わせ、猿の家（?）に行く途中で、既に猿を殺してしまうからである。キリスト教普及後のヨーロッパの「ハッピーエンド型・異類婚姻譚」とは、確かに、随分と趣《おもむき》を異にするようである。グリム童話やディズニー・アニメに慣れた現代の日本人には、同じ「異類婚姻譚」であるのに、自らの文化圏には、このようにまるで様相の異なる、しかも、「異類」との、ある意味では「悲しい」かかわりの結末を持つ「婚姻譚」が多いことに驚愕されるかもしれないが、読者は如何《いかが》であろうか。

しかし、「異類婚姻譚」のさまざまの話型は、それぞれの意味を持つようである。ここで、まず私は、読者に、かの「伊耶那岐《いざなき》と伊耶那美《いざなみ》」神話を思い起こしていただくことにしたい。古事記の「伊耶那岐と伊耶那美」は、型通りのユング心理学的視点から見るとすれば、無意識界へと異性像の再獲得に出かけた伊耶那岐の命《みこと》が、伊耶那美の命との約束を守り通せなかったがために、意識の世界に連れ戻すことができなかったと理解することもできるであろう。だが、私は本書第九章において、伊耶那岐による「伊耶那美の持つ暗い死の側面」の直視によって、「生と死」の分離という、意識の「分化」の大きな一歩が踏み出されたと理解することができると述べた。同様の意味で、民俗学的には「山の神」ともみなされる「猿」を殺害することで、「異類・猿・自然・神」との心理学的「分離」こそがここで達成されたと見ることもできるであろう。「異類」と「人間」の「分離」は、ある時には、人間の意識の「分化」にとってなくてはならないプロセスである。「エデンの園」から人間が追放されたように、天上・神と地上・人間は「分離」されざるをえないのである。

## 第三節 「分化」

ところで私が時々使用している「分化」という言葉は、実は、日本ではあまり聞きなれない言葉かもしれない。この言葉を使うと、よく聞き返される経験をするので、おそらくこの言葉は欧米語におけるその対応語と比較すれば、日本語としては馴染みの少ない言葉なのだと思う。「分化」という言葉のイメージは日本の学校では、高校時代に生物学を履修した方ならば、受精卵がそもそもの最初は全体でもって「一」であるのが、二分割・四分割というように「分割・分裂」を繰り返してゆくことで、同じ「一」であっても、高度で複雑な体制を持った身体組織（神経組織・脳・内臓器官・生殖器官・身体各部位その他その他）が成立してゆくプロセスを思い出していただければよいのではないだろうか。しかもここで大切なことは、分離・分割・分裂した各組織・各器官・身体各部位は、それぞれ相互に有機的なつながりを持って、ひとつの全体を形成しているということである。このような生物学的プロセスこそ「分化」のひとつの象徴的イメージと理解していただけるのではないかと思う。身体レベルで生じているのと同じ「分化プロセス」が、心理的レベルでも生じるのであって、それが、心の分化・意識の網の目の成立・知識の分化・論理的思考の分化・感情（怒り・悲しみ・寂しさ・つらさ・重たさ・不安・甘え・喜び・楽しみ・希望・信頼）の分化・感覚（味覚・色彩感覚・音楽性・嗅覚・視覚・触覚・美的感覚その他）の分化・直感機能の分化・対人関係能力の分化・意識と無意識の関係性の分化といった複雑多岐で、時間を必要とするプロセスである。比喩的にも、「単細胞的なもの」が「分化」して、「より複雑な体制を持ったもの」となる過程と言えるであろう。英語では、動詞としての differentiate が自動詞としても他動詞としてもこの意味であり、「分化する・分化させる・区別する・識別する・違いが出てくる」の意でよく使われるのを、そう言われれば、思い出される方も多いであろう。名詞は、differentiation である。ドイツ語でも、他動詞の differenzieren「分化させる」、再帰動詞 sich differenzieren「分化する・細分化する・分化して、より高度に洗練されたものとなる」は、非常によく使われる言葉であり、名詞は Differenzierung である。このような意味では、欧米語においては、「分化・分割・違い・識別・区別」ということは、非常に身近で、親しみのあるイメージであることがわかる。これに対して、日本語では、「分化」という言葉自身がおそらく「不慣れ」で、「耳慣れない」イメージなのだと思う。但し、反対語の「未分化」という言葉は、日本語としても、少なくとも臨床心理学の分野では、比較的自然に使われるように思われる。本書はできるだけ文化論にはしたくないという私の意図がある（と言うのも、人類共有・共通の心理学について検討したい気持ちが強いからだが）のだが、ここら辺は、どうしても、文化の問題も関連してくるところであろう。キリスト教普及後のヨーロッパにおける「異類婚姻譚」と日本の「異類婚姻譚」は、確かに、かなりの相違を示しているのであるから。

ユングは、無意識が「補償」的な機能を持つことを強調している。すなわち、ある人の意識が、例えばあまりに知識・思考に偏っているというような場合、無意識はこの「知識に偏った意識」を「補償」しようとして、「音楽」や「絵画」「色」「圧倒性」「喜怒哀楽」「感情」「涙」「憤怒」「火山の爆発」といった夢イメージを産み出し続けて、意識の変容を迫るといったことがその典型であろうか。個人のレベルでの「補償」が夢に現れることが多いとすれば、「昔話」は、その「文化の意識」を補償することが多いということも、既に第十二章で紹介したようにユングの指摘するところである。この脈絡で検討するならば、日本の文化・日本人の意識は、確かに、「和」「包含」「全体」「一斉」「整合性」「集合・集団・世間・グループ」「曖昧性」「非言語的コミュニケーション」「行間」「間接性」「婉曲表現」が強調されたものと表現することはできるであろう。そして、その意味でこそ、昔話としての「異類婚姻譚」では、「鶴女房」でも、本章で取りあげた「猿婿入」でも、圧倒的に、「分離」が強調されていると捉えることは可能であるように思われる。但し、私は、昔話や神話において、「分離」は、世界共通の「意識の分化」プロセスに必須のイメージであるということも、同時に強調しておきたい。これに対して、キリスト教普及後のヨーロッパにおいては、強力な父性のもと、意識と無意識の分離・自我意識の独立化が急速に進んで、逆に無意識との再統合という大きな課題が生じた結果、「異類婚姻譚」も結合・結婚というエンディングを必要とするようになったと理解されうるであろう。

## 第四節 「猿婿入《さるむこいり》」──里帰り型」

ここで「猿婿入」のもうひとつの話型を取りあげてみることにしよう。話の発端は共通である。一番大きな相違点はどこにあるかと言うと、三番目の娘は一旦は、猿のもとに「嫁入り」することである。すなわち、この話型においては、猿は娘の嫁入りの途次に殺されることはなく、娘は猿のもとでしばらくの間生活を共にするのである。やがて、娘は、猿と共に「親見舞い」「舅礼」「里帰り」をすることになり、その途中で猿は、「背中に『餅臼《もちうす》』を背負ったまま、藤の花・桜の花を木の枝の先の方までとりにやらされ、川に落ちて死ぬ」ことになる。つまり、猿は、娘（妻）の「里帰り」の途次に、娘（妻）によって殺害されるのである。何時《いつ》、里帰りをするかは、実にさまざまであって、嫁入り後の翌日・三日後・半年後・三年後などあるが、翌年の三月の節句というのが一番多い。この話型は日本の中部以北での採集がほとんどなので、「東北型」、あるいは里帰りの土産に爺の好きな餅を臼ごと猿に背負わせるので「餅臼型」と呼ばれることもある（福田　一九七七）。この話型では一時的にしろ、人間と異類の「結婚」が生じていることになる。紙数の関係で本章では詳しく紹介はできないが、「蛇婿入《へびむこいり》・水乞型《みずこいがた》」でも、多くの話では、蛇は娘に殺害されるのだが、一部に、娘は蛇に嫁入りし、そして、この「猿婿入」のように里帰りをするタイプも見いだされている。しかも、その際、娘が「蛇の姿」になっているのを親に覗かれて、以後、里帰りの証拠に「脱け殻・ムケガラ」だけを置いてゆくようになるとか、以後は里帰りをしなくなるという話もある。この場合は、娘は「猿婿入・里帰り型」よりも、さらに「異類」との「結合」「婚姻関係」を持続することになると言えよう。

　興味深いのは、既述のように民俗学的には、猿は「山の神」あるいは、「山の神の使い」とみなされており、「猿婿入・里帰り型」は世界中に見られる「始祖伝説（先祖が犬や猿と人間との婚姻に由来するという伝説）」と一定程度の共通性を持つとされていることである（福田　一九七七）。それでも、日本の「猿婿入・里帰り型」では、猿と娘の婚姻関係は里帰り時において否定されることになる。「猿の死」について、民俗学では「田植えに先立って山の神が水の神に転生する」期待と理解されている（福田　一九七七）。つまり、「山の神としての猿」は、春の「里帰り」時に娘に殺害されることによって、「水の神」として「再生」すると捉えられることになる。「猿婿入・里帰り型」がこのように理解されるならば、我々は、日本の「異類婚姻譚」をあまりに日本に特殊なものと捉える必要はなくなってくる。以下、詳しく検討してみよう。

本書第十二章で名前だけは挙げておいたギリシャ神話「デーメーテールとペルセフォネ」(Homeric Hymns, 1936/1985)のさわりの部分だけを紹介することから始めてみることにしよう。豊穣・農業の女神デーメーテールの最愛の娘ペルセフォネは、ある日、野原で花を摘んでいる時に、突如大地を割って現れた冥界の王ハーデースにさらわれる。娘を強奪された母デーメーテールは深く嘆き悲しみ、大地は不毛となった。長い放浪の旅の末、ようやくデーメーテールは娘ペルセフォネが冥界にいることをつきとめた。旱魃《かんばつ》と不毛に襲われた大地を心配したゼウスの仲立ちで、ペルセフォネは一旦は、母デーメーテールのもとに返されることになる。ところがペルセフォネが冥界の食べ物(ざくろ)を食べてしまっていたことが判明する。冥界の食べ物を口にした者は、本来二度と地上に戻れないのであった。ゼウスは、ペルセフォネが一年のうち、三分の一は冥界の王ハーデースの妻として過ごし、残る三分の二は、地上のデーメーテールのもとに戻ることとさせた。ペルセフォネが地上の母のもとに戻っている時だけ、大地は実りで潤うが、彼女が冥界に戻っている間は、大地は乾ききって不毛になることとなった。もちろん、視点を変えれば、ペルセフォネは、男性神ハーデースに強奪されて、一年のうち三分の一は、第十二章で検討した「母なるもの」から「分離」して、ハーデースの許に暮らすことになると表現することもできるであろう。

「猿婿入・里帰り型」の「山の神・猿」が、既述のように、春になって娘に殺され、「水の神」として再生・転生して「田の神」となると捉えるならば、あるいは、春になると、娘が「山の神の妻」としては死んで里に戻ると捉えるならば、「娘と猿」の関係は、一定の相違点・アクセントの違いを見せながらも「ペルセフォネとハーデース」の関係にきわめて類似のものとして理解できることになる。読者には、「猿婿入」「蛇婿入」の冒頭部分が「田の水が涸れてしまっている」であって、「蛇」や「猿」はこの「水引き」と引き換えに「娘」をもらうことになったことを是非とも思い起こしていただきたい。「蛇」「猿」は「山の神」であるとともに、もともと「田の神」の性格をも持っていたことは明らかであろう。それにしても、「ペルセフォネとハーデース」と「娘と猿」を比較すれば、「曖昧性・全体性・和・間接性・集合性」に力点が置かれていると言われる日本社会・日本文化の昔話「猿婿入」において、「娘による猿（神）の殺害」がこの上なく明確に描かれていることに私は今更ながらに心に深く感じさせられるものがあるが、読者は如何であろうか。

　ちなみに、「昔話」や「神話」、あるいは、「夢」といったものは、実にさまざまな視点から検討されうるものであるので、受講生の皆さんには、ここで第十二回放送授業の際にご紹介した「灰坊」（関 一九七八b）を思い起こしていただけると興味深い比較ができることになる。灰坊、すなわち、マミチガネもまた、「娘」との「祝言」の後、「親見舞い」に出かけている。そして、その「途次」に「落ちてきた桑の実」を食べて一旦は「死んだ」マミチガネであったが、マミチガネを乗せた「馬」は「実家」までたどり着き、その玄関先で「継母」を「喰い殺す」。その後、シジュル水を持って訪れた妻によって生き返らせてもらったマミチガネは、（引きとどめようとする）実家の父に対して、「金を送りますから、父はよい養子をもらってください。私は命を救ってくれた妻の家で働きます」と語っていた。ペルセフォネと異なって、マミチガネは、ここで決定的に「実家」と「分離」して、「妻」を選択している。ここでは明確に「母なるもの」（個人的母は「殺害」され、個人的父もここでは「母なるもの」と理解することができるであろう）としての「実家」が否定されている。「灰坊」は「異類婚姻譚」ではないけれども、「実家」と「現れ出たパートナー」との間で、主人公がどのようなかかわりを持つことになるかという視点で見てみれば、一見するところ「異類婚姻譚」とは思えない「昔話」も、実は、「異類婚姻譚」と理解することもできることになる。これは、前回の放送授業で述べたように、昔話の中で「山姥」「魔女」とは呼ばれていない女性像も、そのあり様、生き方、行動特徴を詳しく見てみれば、「山姥」「魔女」そのものである場合があるのと同様のことであろう。マミチガネが、芝居小屋の北側から南側に「馬」への一鞭で飛んだ時、人々が「神様だ」と驚いた場面があったが、マミチガネも、このように見てみると、ある意味では「異類」と理解することもできるかもしれない。おまけに、マミチガネもまた、「親見舞い」の「途次」に、「猿婿入―里帰り型」における「猿」と同様、一旦とは言え、「死んで」いる。

「猿婿入り」「蛇婿入り」には、「異類」としての猿や蛇が「娘の嫁入り」の「途次」に殺される場合もあれば、一旦は「結婚」が成立して、「親見舞い」「里帰り」の「途次」に、殺される場合もあること、さらに、「蛇婿入り」では、「里帰り」した「実家」「里」で、「蛇の姿」になっているところを親に覗かれて、以後、「脱け殻」「ムケガラ」だけを置いてゆく、あるいは、以後、「里帰り」をしなくなるという話型もあることを紹介した。当初、ヨーロッパにおけるキリスト教普及後の「ハッピーエンド型・異類婚姻譚」の分析において、魔法で「異類」とされていた異性像を、あちら側の世界・無意識の世界・森や地下の世界から、こちら側の世界、意識の世界へと「連れ戻す」「再統合」するという視点が強調されることが多かったことも指摘された。しかし、どちらが「意識」で、どちらが「無意識」、どちらが、「こちら側の世界」で、どちらが、「あちら側の世界」

であるかは、実は、そう単純明快には言いきれないとも表現できるように思われる。例えば、ハーデースは確かに「冥界」「地下の世界」「死者の世界」の「主《あるじ》」であるので、「無意識」の側の存在であると理解されると思われるが、母神デーメーテールと娘ペルセフォネとの強力な一体性との対比で見てみると、むしろ、「デーメーテールとペルセフォネの世界」の方が「無意識」の側であって、ハーデースは、この「母―娘一体性」の世界から、娘ペルセフォネを意識の側に「分離」「強奪」してきたと理解することも可能かもしれない。あるいは、従来、「意識」やいわゆる「自我」の側からの昔話の理解がなされることが多かったが、視点を無意識のイメージの側に置いて検討してみることもできるであろう。ハーデースを無意識側のイメージと理解した場合にも、意識における「母デーメーテールと娘ペルセフォネとの強力な一体性」の支配する世界に、無意識のイメージであるハーデースが「侵入」して、「意識のあり方」の変容が迫られたと捉えることも十分に可能であろう。「意識」と「無意識」、「こちら側の世界」と「あちら側の世界」とが、時に「分離」し、時に「結合」し、あるいは、「行き来」し、というように見てみると、さまざまの「異類婚姻譚」が「意識」と「無意識」の間のさまざまの「かかわり」の可能性を示していることが理解される。本講の姉妹科目『心理カウンセリング序説』第九章において「プロセスの自律性」、そして、本講第九回放送授業において、「コンプレックスの自律性」について述べたことも読者にはぜひ思い起こしていただきたい。「意識」というものは、長い時間をかけて、自らを分化させ、秩序づけてゆくのではあるが、ようやくのことそれなりの安定状態に達したかと思うと、無意識側のコンプレックスなりが活性化して、「意識」は絶えず変容を迫られる。生涯にわたって続くこの「変容のプロセス」こそ、ユングによって、「個性化の過程」と名づけられたことを思い出していただけるのではないだろうか。

本書第十一章において、ユングの『ヨブへの答え』という書があることを紹介したが、その中で、ユングは、十字架上でのイエス・キリストの言葉「わが神、わが神、なぜわたしをお見捨てになったのですか」(新約聖書　例えば、マタイによる福音書、27・47-48)を詳細に検討している。(Jung. 1952/1988)　旧約聖書「ヨブ記」において、神はサタンの唆しにのって、サタンをして「ヨブ」にありとあらゆる苦悩を与えさせた。ヨブは苦悩の極みにあって、「神よ、わたしはあなたに向かって叫んでいるのに、あなたはお答えにならない。御前《みまえ》に立っているのに、あなたは御覧にならない」(旧約聖書　ヨブ記、30・20)と言葉にした。十字架上のイエス・キリストの言葉こそ、神が「ヨブ記」においてはまだできなかったこと、すなわち、自ら、「人間」「イエス・キリスト」となって、自ら苦悩し、そして、自らの言葉として発したものであって、この言葉こそが神による「ヨブへの答え」であると指摘されている。神の「人間化」という、このような見方は、いわゆる「あちら側の世界」に視点を置いたものと捉えられるであろう。イエス・キリストの誕生は、聖母マリアに聖霊が宿って生じたとされているが、誤解を恐れずに言えば、これは臨床心理学的には、ひとつの「異類婚姻譚」であると理解することも可能であろう。本章の〈はじめに〉で述べたように、「異類婚姻譚」とは、「人間といわゆる『異類』、すなわち、人間以外の動物・妖怪・神的存在といった『異類』との間の『婚姻』をめぐっての『お噺《はなし》』『譚《はなし》』」であるのだから。

世界にさまざまの話型がある「男」と「女」、「人間」と「異類」をめぐっての「お噺」は、実に多様な理解の仕方ができることを読者には感じとっていただけたであろうか。

## 〈おわりに〉

どうも、この「異類婚姻譚」と取り組みだすと興味の尽きることがなく、いくら紙数があっても足りなくなる印象が持たれる。放送授業では、この「異類婚姻譚」の中で「子ども」が生まれてくる話型（例えば、「蛇女房」）を取りあげて、これまでの章のテーマと繋げつつ、さらに考察を続けてみる予定である。読者にも、できれば、あらかじめ図書館で『日本昔話大成』などに集録されている「蛇女房」を探し出して、いろいろとご自分自身で検討してみておいていただければと思う。さまざまの仮説や連想、イマジネーションが沸きあがってくること請け合いである。

## 文献

福田晃（一九七七）：「猿婿入」　稲田浩二・大島建彦・川端豊彦・福田晃・三原幸久（編）日本昔話事典　弘文堂。

Grimm, J.&W.（Hrsg.）（1812~1815）（7. Auflage. 1857）：Kinder-und Hausmärchen. 金田鬼一（訳）（一九七九）グリム童話集　岩波文庫。KHMとは、グリム兄弟によって採集されたいわゆるグリム童話の原題Kinder-und HausMärchen.『子どもと家庭のための御伽噺《おとぎばなし》』の略語であって、国際的には、「蛙の王様」（KHM 1）のようにそれぞれのお話しに番号が付されている。第一二章で言及した「ヘンゼルとグレーテル」は（KHM 15）である。

Halliday-Sikes, A.（1936）：Homeric Hymns, Oxford（repr.Amsterdam 1980）. 逸見喜一郎・片山英男（訳）（一九八五）四つのギリシャ神話『ホメロス讃歌』より　岩波書店。

Jung C.G.（1952）：Antwort auf Hiob. Zürich : Rascher. 林道義（訳）（一九八八）：ヨブへの答え　みすず書房。

河合隼雄（一九八二）：昔話と日本人の心　岩波書店。
河合隼雄（一九八九）：生と死の接点　岩波書店。
日本聖書協会（一九八七）：聖書。
小澤俊夫（一九七九）：世界の民話　―　ひとと動物との婚姻譚　中央公論社。
織田尚生（一九九三）：昔話と夢分析　創元社。
関　敬吾（一九七八ａ）：日本昔話大成２　角川書店　七六‐一〇四頁。
関　敬吾（一九七八ｂ）：日本昔話大成５　角川書店　一九一‐二一〇頁。

**《本章のテーマについてさらに深く学びたい読者に勧めたい参考文献》**

（１）Jung C.G.（1952）：Antwort auf Hiob. Zürich：Rascher. 林道義（訳）（一九八八）：ヨブへの答え　みすず書房。
（２）河合隼雄（一九八二）：昔話と日本人の心　岩波書店。（二〇〇二）岩波現代文庫―学術。
（３）小澤俊夫（一九七九）：世界の民話　―　ひとと動物との婚姻譚　中央公論社。
（４）関　敬吾（一九七八）：日本昔話大成２　角川書店。
（５）関　敬吾（一九七八）：日本昔話大成５　角川書店。

# 14 ユング派心理療法：心理療法と「イメージ」「言葉」

大場　登

**《目標&ポイント》** いろいろな心理的課題を抱えられたクライアントとお会いして、語られるところにセラピストが「耳を傾けて」いると、不思議なことにクライアントの心が動き出し、この「動き」が言葉やイメージで表現されてゆくことになる。心理療法とは、「器」の中で動き出すこの自律的なプロセスに、セラピストが独特の形で同行し続けることとも表現できるであろう。「自律的なプロセス」と「イメージ」「言葉」の関係についても検討してみることにしたい。

**《キーワード》** ユング派心理療法、イメージ、言葉、自律的プロセス、変容のプロセス、セラピストの能動性

## 〈はじめに〉

ユング心理学とは基本的に心理療法学である。すなわち、さまざまの心理的症状や心身症状、数世代にわたる「家系」のしがらみ、自然災害や戦争・犯罪被害による心理的外傷《トラウマ》、心理的・身体的・性的暴力による人間存在としての深い傷つき、社会的・人種的マイノリティとしての生きにくさ、慢性疾患や種々の障がいを抱えての人生、死や生・独特の運命その他その他といった心理的困

難・人生上の課題と正面から向き合わざるをえない方々・クライアントとともに、それぞれの方々が抱えている問題・心理的課題を見つめてゆく営みである。読者は、そのような本来「心理療法学」であるユング心理学が、何故《なにゆえ》に、本講で検討してきたような昔話や神話に表現されるイメージの世界と熱心に取り組んでいるのか、疑問に思われたであろうか。

## 第一節　心理療法 ― 「心」による「心」の「受けとめ」

神話や昔話などは「昔物語」「過去のお噺《はなし》」であって、現代の我々の心理的生き方や人生、心理的症状といったものとは何の関係もない、あるいはあったところで、はなはだ遠い関連しかないと皆さんは思われるだろうか。「心理療法」などと標榜するならば、もっと「科学的」な実験なり、心理学的技法論を論ずべきだと思う方もおられるかもしれない。もちろん、「心理療法学」にもさまざまの立場があって、ユング心理学的接近法よりは、はるかにいわゆる「科学的」と思われる指向をもった立場もあることは事実である。ところが、身体医学の領域でさえ、細分化された専門領域の医師が、消化器（さらには食道・胃、胆・肝・膵）やら泌尿器、呼吸器、皮膚、循環器、婦人科領域、目・耳・鼻・口腔といった身体「部分」だけを見る、しかも生理学的・あるいは最新の医療機器による「検査データ」ばかりを「見て」、肝心の患者の「身体的苦痛」「身体全体」「身体そのもの」を見てくれない、「身体の訴え」「身体の発する声」に耳を傾けてくれないという不満を経験している方々は実にたくさんおられるであろう。人間の「身体」も、「部分」だけ見られても、あるいは、「部分」にだけ治療を施されても、実は、長期的には、いわゆる再発を繰り返す、換言すれば、本当の「癒し」は生じないことも次第に理解されつつある。あるいは、「身体」と「心理」は別のものという視点でさえ、人間の実際には対応しない捉え方であって、もっとも単純な例で言えば、「胃潰瘍」の治療に「外科的治療」あるいは、さらに「内科的治療」だけを試みても、その患者の生き方・職場や家庭でのストレス状況、対人関係上の心理的傾向といった「人間全体」を見ない限り、患者の「身体」は「胃潰瘍」を生み出し続けるということも、少なくとも理論的には理解されるようになりつつある。

いわゆる身体医学の領域でさえ、このような知見が受け入れられ始めている今日、ましてや、心理的領域においては、表面に出ている「症状」「問題」（例えば「不安」「焦燥」「強迫傾向」「尖端恐怖」「抑鬱《よくうつ》」「対人恐怖」「自己臭恐怖」「離人症」「摂食障害」「過度の依存傾向」「HIV 感染による生きにくさ」「さまざまな家族関係の問題」「引きこもり」「精神病発病不安」「巻き込み・巻き込まれ」「虐待してしまう」「自傷行為」「仕事嗜癖」「異性関係困難」「性アイデンティティ・性行動をめぐる諸問題」「出社困難」その他その他）だけのいわゆる「除去」ではなくて、「症状」「問題」を抱えたクライアントの心そのものを見つめ続ける・受けとめ続ける姿勢が必要であると、少なくともユング心理学的心理療法家《セラピスト》は理解している。

不思議なことだが、「症状」「問題」「苦痛」を抱えるクライアントの心が発する声に耳を傾け、クライアントの心を受けとめ続けていると、クライアントの心はやがて、明らかに「変容」の動きを始めることとなる。この「変容」がどこに向かうか、どのようなプロセスをとるかは、あらかじめは予想できない。もちろん、「仮説」を立て、「読み」を試みることはできるし、その「仮説」「読み」を絶えず修正してゆく営みも必要ではあるが、変容のプロセスそのものに関しては、心理療法家《セラピスト》は、これを「見守り」、「共にいる」ことしかできないと言ってよいであろう。

心理療法家《セラピスト》は、プロセスの方向を意図的に調整したり、導いたりすることはできない。大層頼りないことだが、心理療法家《セラピスト》は自らの心をもって、クライアントの苦痛や不安を共に感じながら、クライアント自身の心の変容のプロセスに同行、すなわち変容の道を共にすることしかできないのである。それでも人間の心とは不思議なもので、この「何もできない」「頼りない」心理療法家《セラピスト》のもとでこそ、クライアントの心は自身の道を少しずつ見いだしてゆくようであるし、「何もできず」、只「耳を傾け」「受けとめ」続けるだけの心理療法家《セラピスト》の同行のもとでこそ、クライアントの心は、実に、初めて「変容」を始めることができるようである。

## 第二節　クライアントと「イメージ」

「イメージ」と言うと、ある程度の心理療法についての知識をお持ちの読者は、クライアントによって語られる「夢」、あるいは心理療法セッションにおいて表現される「箱庭」「描画」といった「イメージ」のことを思い浮かべられるかもしれない。もちろんそのような心の表現はまさにイメージそのものではあるが、「イメージ」とは、そのように言語的・非言語的にセラピストに伝えられ・表現される「作品」や「夢」といった、いわば特別な表現形式だけに限定されるものではない。クライアントが語り始める「『鬼』のような『母親の表情』」、クライアントが伝えてくれる「まるで『強制収容所』のような『家の雰囲気』」、クライアントの「心の根底にある独特の『死の感覚』」、クライアントの人生に大きな翳《かげ》を落とした「ある事件」、クライアントが幼少時より抱いている「世界に対しての『漠然とした不安』」、クライアントによって語られる「はなはだ華やかな彼氏・彼女の『風貌』」、クライアントの存在から発せられるある種の「オーラ」、クライアントが辿《たど》ってきた人生から感じられる独特の「臭い」、クライアント一族を襲った「運命的歴史の一コマ」、クライアントの心身が醸し出すある種の「エロス」、クライアント家族の内包する「憎しみの『渦』」、クライアントによって語られる「『村八分』『いじめ』のドラマ」、クライアントが長期間をかけてようやく語り始める「虐待場面のすさまじさ」、クライアントの「婚家先」に感じられる文字通り及び象徴的な「風通しの悪さ」、クライアントの語る言葉のトーンに込められた「圧倒的孤独感」、クライアントの示す「怒りの激烈さ」、「夫を包丁で刺し殺したい」と言うクライアントの激しい恨み、クライアントが面接室の空気に伝播し、セラピストが椅子から立ち上がれなくなるような「悲しさ・哀しさ」、クライアントによって描写される祖父の「これが『人間か』」と思われる『冷たさ』」、クライアントの家の「『犬』が感じる『空気の不安定さ』」、家族が従わなければならないクライアントによる「命令の絶対性」、家族を死に追いやったクライアントの父親の「暴力」、周囲やセラピストの言動で生じるクライアントの「激しい傷つき」、クライアントが何気なく報告する「運命的出会い」、クライアントがあたかも偶然目にする「動物たちの生態」、自死しようと思ったクライアントがふと思い出した「ある小説の一場面」、面接セッションにやって来る電車の車窓からクライアントの目に映った「夕焼けに浮かぶ丹沢の山々」、前回の面接セッションの夜「就寝前にふと浮かんだ『ある恐ろしいイメージ』」その他その他、書きつらねだすと終わらなくなるほど、心理療法、あるいは人間の心は、生々しい「イメージ」に満ちた世界である。

　このようにクライアントが語る・伝えてくれる、そしてクライアントから滲み出る「イメージ」の世界は、日常の友人や知人との会話ではあまり表に出ることのない「激しい感情」や「運命」「オーラ」「超個人的風貌・雰囲気」「非日常性」を伴うものであり、この意味では、一人ひとりのクライアントが語る個人的経験であるにもかかわらず、それは、神話や昔話の世界ときわめて近いものを持っていると感じられるものである。

## 第三節　神話・昔話・イメージと心理療法

ある運命的事件に遭遇したがゆえに、クライアントは、ほとんど「神話的世界」の住人と思われるような空気の中に生きているのか、あるいは、そもそものような「運命的事件」と遭遇したのも、ひょっとすれば、クライアントの心の内外で活性化し始めたある「元型」の影響によるものであるのか、人間であるセラピストには判断のつかないこともあるであろう。社会性とか倫理的視点、あるいは日常的観点や「適応」といった見方からすれば、とてもではないが「耳を傾け続けることなどできないことも、人類的・神話的視点から見れば、「人間にはありうること・起こり得ること」として耳を傾け続けることもできるかもしれない。

「鬼のような母親」をほとんど殺しかねないクライアントの話も、「クライアントの心の中の『牛方』『グレーテル』による『山姥・魔女殺害』なのだ」とイメージできるならば、そしてその心理学的・象徴的意味を理解できるならば、セラピストは、クライアントの語る「母殺し」の世界にクライアントとともに留まっていることができるであろう。

父・母あるいは教師・上司・先輩・彼・彼女・セラピストの「愛情」をめぐってのクライアントの激しい、あるいは意識されにくい「嫉妬・ねたみ・ひがみ・羨望」は、ライバル関係にある相手＝「アベル」（兄弟姉妹・同級生・ゼミ仲間・同期生・彼女の相手の男・彼の相手の女・セラピストのもとに通う他のクライアント）の殺害に及ぶほど激烈なものになりうるもので、それは、「『愛情』をめぐっての『競合関係にある人間の抱く感情』」としては「自然」なものだとセラピストが理解していれば、クライアントの心の中にも、心理療法プロセスの進展とともに独自の「カイン」像が創造されてゆくことができるかもしれない。

圧倒的に理不尽な父親・社長・会長のワンマン支配に苦しみ続けるクライアントの訴えに耳を傾けつつ、セラピストは、長い年月に及ぶ心理療法のプロセスの中で、クライアントの心の内外に、「横暴な父ウラノスを去勢したクロノス」イメージの「兆《きざ》し」を感じとれる時がやってくるかもしれない。

自分と他者とは異なる存在であって、クライアントが感じ、受けとるようには、必ずしも家族や周囲の他者は感じないかもしれない、家族や他者・セラピストがクライアントとは異なる感じ方・受けとり方・生き方をしてもいいのかもしれない、クライアントの存在とは別個に家族・周囲の存在がありうるのかもしれないという、根源的「分離」の瞬間を、セラピストとクライアントは、「一体性が支配する天国的状況からの分離」「『人間』の誕生」「『死』の成立」の「時」として経験することができるかもしれない。

「夫を包丁で刺し殺す」イメージを受けとめ続けるプロセスの中で、セラピストは、そしてクライアントは、心の中の「『蛇婿』・『猿婿』殺害」を実感することができるかもしれない。象徴的「夫殺害」によって、クライアントには、「夫」からの心理的・物理的独立、「家父長的男性社会」の中での女性としての自立、あるいは「共依存状況」からの分離、新たな「内的男性像」の確立、「無意識・内界との関係性の変容」、さらにはひょっとして現実的な「夫との離婚」といった新しい宇宙が創造されるかもしれない。

あるいは、そもそもセラピスト自身ないしクライアントは、自分の一生を通して、一体どのような「神話」を創造しようとしているのだろうか。読者には、第九章に掲げた「意識と無意識」の図を今一度眺めてみていただきたい。「個性化の過程」という言葉も思いおこしてみていただきたい。神話において、「天空と大地」「エデンの園・天国・神の国と地上」「死者の国と生者の国」の分離が生じたように、個々の人間の心・小宇宙においても、「意識と無意識」の分離は生じることになるのだろう。しかし、神話の世界・昔話の世界では、一旦「分離」したかに見えた「異界」から、時にさまざまなイメージが「この世」に出現したり、逆に、「この世」の人間が「異界」に出かけたりもしていた。「異類婚姻譚」と呼ばれる昔話のタイプ、あるいはこれに対応する神話のタイプには、いわゆる「この世」と「異界」との間を一生の間のある時期、あるいは周期的に、「行き来」するイメージが存在することを学んだのも、まだ読者の記憶に新しいことであろう。「この世」と「異界」との間には、実に様々のかかわり方があることも私たちは知った。同じことは、確実に人間の心・現代に生きる我々の心においても生起し続けているようである。

今一度繰り返してみよう。我々個々自らの心・小宇宙においては、一体どのような「神話」が生きられようとしているのであろうか。そして、その「神話」に私個人はどのようにかかわろうとしているのであろうか。「人間」である我々、「意識」を持ってしまった我々は、一体、自らの「神話」創造に無関与でいることができるのであろうか。それぞれの人間に負わされたこの「重い課題」は、人間が人生上の困難や心理的「問題」と遭遇した、まさにその時、人間に「意識的な関与」を求め、「見つめられ・抱えられ・受けとめられ・取り組まれ」ることを強力に要請しているように、ユング派心理療法家《セラピスト》としての私には思われる。

## 第四節　心理療法プロセスの「自律性」とセラピストの「能動性」・「言葉」

ユング派心理学の立場に立脚した心理療法では、クライアントの心がセラピストの心によって受けとめられる時、そこに、無意識が深くかかわる「自律的な変容のプロセス」が動き出すと経験的に理解されている。この「無意識が深くかかわる変容のプロセス」が自律的であって、心理療法家《セラピスト》は、どちらかと言えば、このプロセスを信頼し、注意深く見守り、同行する姿勢をとると言う点において、ユング派心理療法はフロイト派精神分析とかなり視点を異にしていると表現できよう（読者には放送大学『心理カウンセリング序説』第九章「カウンセリングのプロセス」をも参照していただければと思う）。精神分析学派では、「自律的プロセス」という捉え方はあまり強調されないと思われるし、この点に対応して、本講の前半で受講生の皆さんが学ばれたように、心理療法家《セラピスト》は、セラピスト・クライアント間の関係性（「転移」と表現される）にもっぱら焦点をあてた「解釈」を言葉でクライアントに伝えることを重視している。

只、従来の日本のユング派心理療法では、「自律的な変容のプロセス」が強調される、あるいは、この「変容のプロセス」に伴う「イメージの変容」に関心の焦点があてられるあまり、セラピスト側の「読み」、そして、「読み」に基づいた「問いかけ」「語りかけ」（前述『カウンセリング序説』第七章「セラピストの『読み』」、第八章「『読み』と『問いかけ』『語りかけ』」をぜひ今一度ご参照いただきたい）という、つまりはセラピストの能動性とも捉えられる点が十分には「分化」していなかったのではないかということは素直に認めるべきではないかと私は思う。

この点は非常に難しく、慎重な議論が必要なところであるので、以下、いま少し検討を続けてみることにしたい。心理療法において動き始める「変容のプロセス」は、「自律的」であるので、確かにセラピストはこのプロセスを可能な限り、「邪魔しない」ことが大切である。余計な、いわゆる「解釈」や「質問」、「自我レベル」での「意味の確認」、セラピストによる「いわゆる肯定的諸側面の強調」といったものは、折角の「自律的なプロセス」を妨害する可能性を持つものである。例えば、「イメージの世界での『母親殺害』や『夫殺害』」、あるいは、自らの「死」「身体的衰弱」といったイメージが活性化している時に、セラピストがその意味を「読む」ことができていれば、クライアントにおける「殺害」や「死」のイメージを「見守り」続けることができるであろう。セラピストは「殺害」や「衰弱」「死」のプロセスに「同行」することができるであろう。日常的視点からの「保護的かかわり」や「死」の回避、いわゆるプラスの方向へ向けた「誘導」「助言」といった「プロセス妨害的な姿勢」をとらないですむであろう。河合隼雄が時に使った表現「セラピストは何もしないことに全力をあげる」ということで意図されていたことは、この意味で、折角の「自律的な変容のプロセス」を、日常的な視点やセラピストの自我意識レベルによる「助言」といったもので邪魔することを徹底的に控えることと理解されよう。但し、この場合、セラピストは外から見て「何もしていない」「誘導・助言といった行為をしない」のであって、内的には「クライアントの世界」「自律的なプロセス」や「変容のイメージ」を「読み」、ひとつ間違えば現実的な「死」を招く状況にあっても、現実的な「心配」をしつつも「自律的な変容のプロセス」を信頼し、「見守り」続けているのである。したがって、セラピストは外的・現実的には「何もしない」のではあるが、内的・心理的には、実は、きわめて「能動的」であると言うことができよう。ところが、河合隼雄のこの「何もしない」姿勢、あるいは、ユングの言う「自律的な変容のプロセスに委ねる」姿勢を、字義通りにとって、時にセラピストが「内的・心理的」にも何もしないということが時とすると起こりかねないのも残念ながら事実である。とりわけ、ユング派心理療法では「イメージの変容」にアクセントが置かれることが多いし、さらに日本におけるユング派心理療法発展の一時期には、「箱庭」「描画」における「イメージの変容」に過度に関心が向けられていたこともあって、セラピストがクライアントにおける変容のプロセスを内的・心理的に「読む」姿勢があまりに欠けてしまった時期があったのも事実ではないだろうか。「イメージ」と「言葉」があまりに単純に二極化され、ユング派では「イメージ」、精神分析学派では「言葉」が重視されるといった不可思議な見解がまかり通っていた時期があったと思われる。確かに、精神分析学派においても一時期、本講のあちこちで既に指摘してきたように、あまりに「解釈」、そして「言語化」が強調されすぎた時期があったために、余計に「ユング派はイメージ」、「精神分析学派は言語化・解釈」といった二分法が支配していた時代が存在していた。しかし、イメージを「読む」、変容のプロセスを「読む」と言う場合の「読む」が、フロイトが大事にしたdeutenであるならば、精神分析学派であっても、ユング派であっても、「読む」ことの大事さは共通であるはずで、そして、逆に精神分析学派においても、「エディプス・コンプレックス」や「性的誘惑」といったものも「現実」のことであるよりは、実は、「イメージ・想像」上の「心理的リアリティ」であることを考慮すれば、精神分析学派が「イメージ」を大事にしないなどということはありえないであろう。

先に、「従来の日本のユング派心理療法」という表現を使ったが、これは、河合隼雄がユング派心理療法を日本に取り入れる過程で、単なる「輸入」でなく、日本人との臨床経験の中から日本人にふさわしいユング派心理療法を創造するべく努力されたことの「負」の面と向き合うことをも意味している。確かに、河合が「何もしないことに全力をあげる」ことを強調し、アメリカ及び日本の一時期の精神分析があまりに自我レベルで、いわゆる「言語化」「解釈」を重視しすぎていたことに対して、「イメージの変容」を「非言語的に見守る」ことの重要性を強調したことはきわめて意味深いものであったことはまぎれもない事実であるが、他方、第十回放送授業でも述べたように、日本人は「話し言葉のやりとり」で他者と交流する伝統が非常に薄いものであり、そして、ロジャーズのいわゆる「非指示的カウンセリング」が日本であのように一世を風靡したのも、この「話し言葉による交流・やりとり」が薄い（ある意味で未分化）という日本人のコミュニケーション傾向に由来したところがあったのではないかと考えられる。かくて、河合が「何もしない」「イメージの変容を見守る」ことを強調するや、ユング派心理療法に惹かれる日本のサイコロジストにおいて、「能動的に読む」姿勢があまりに軽視されることになってしまったのも事実として指摘しても間違いはないだろう。

「イメージの変容過程」「自律的な変容のプロセス」をセラピストが「読む」姿勢を持つならば、その「読み」に基づいて、時に「問いかけ」の言葉、そして、さらには「語りかけ」の言葉がクライアントに向けて、あるいは、イメージに向けて、投げかけられるのは自然なことであろう。もちろん、場合によって、「問いかけ」や「語りかけ」の「言葉」はまったく発せられないかもしれない。セラピストはそれこそ「何もしない」かもしれない。それでも、セラピストは非常に能動的に「読む」ことを内的には続けているであろう。

## 〈おわりに〉

これまでの章で、どちらかと言うと、「神話」「昔話」におけるイメージに焦点をあてた執筆をしてきたので、本章では、そのような「神話」「昔話」におけるイメージが心理療法とどのようなかかわりがあるのか、その基本的視点について紹介した。また、「イメージ」と「言葉」というものが時に対立的に言及されることがあるが、「イメージ」と「言葉」は本来相容れないものではないことも指摘された。表現手段としても、例えば「詩歌」は、「イメージ」であり、「言葉」であるだろう。「箱庭」というういわゆる非言語的イメージをめぐって、セラピストがこれを「読み」、あるいは、クライアントの「箱庭」から受けたセラピストの印象をめぐって、クライアントとの間で、時に「言葉」でやりとりすることも十分に可能であるだろうし、そのような「かかわり」は、心理療法として、とても大切なことであると私には思われる。英語訳されたアメリカの精神分析の影響を強く受けた一時期の日本の精神分析学派では、自我レベルでの「言語化」「解釈」が過度に重視され、他方、日本における独自のユング派心理療法においては、「イメージの変容を非言語的に見守る」姿勢が強調されたが、「イメージ」と「言葉」とは、本来決して対立するものではないであろう。放送授業では、「心理療法と『イメージ』『言葉』」をめぐって、さらに具体的に検討を続けてみることとしたい。

### 《本章のテーマについてさらに深く学びたい読者に勧めたい参考文献》

（1）河合隼雄（一九八六）：心理療法論考　新曜社。

（2）河合隼雄（一九九二）：心理療法序説　岩波書店。

（3）大場　登（二〇〇七）：箱庭イメージをめぐる「やりとり」箱庭療法学研究　20（1）九九－一一四頁。

（4）大場　登・小野けい子（二〇〇七）：臨床心理面接特論　放送大学教育振興会。

（5）大場　登（二〇〇九）：心理カウンセリング序説　放送大学教育振興会。

# 15 ユング派心理療法：「夢」と向き合う

大場　登

**《目標&ポイント》** 古代ギリシャのアスクレーピオス神殿で見られたインキュベーション（「聖所での眠り」）という営みは、二千年の眠りを経て、フロイトの診察室で新たな命を与えられたと言われている。この点で、ユング派心理療法はもっともフロイト的心理療法と言うこともできるであろう。ユング派心理療法においては、実に深い関心が「夢」に注がれることになるからである。

**《キーワード》** 心理療法、夢、インキュベーション、セラピストによる「問いかけ」と「読み」、夢と神話・昔話

## 〈はじめに〉

本稿もいよいよ最終章を迎えることになった。最終章が「『夢』と向き合う」になっているのは、「ユング心理学」というものを象徴的に表現していると言ってもよいであろう。第十四章で述べたように、ユング心理学は基本的に心理療法学である。すなわち種々さまざまの心理的あるいは心身の「問題・困難」を抱えたクライアントの心・人間の心の深みを心理療法家《セラピスト》が受けとめ続ける中で、そこに、自律的な「変容のプロセス」が生じ、このプロセスを「心理療法の器」の中で見守

り続ける営みである。心理療法にはさまざまの立場があるが、ユング心理学の視点に基づいた心理療法の場合には、上記「心の変容過程」にほとんど必然的に伴う「イメージの展開」に大きな関心が寄せられていることは、既に本書のこれまでの記述から読者もよく理解しておられることと思う。心理療法における「夢」の重要性を再発見したのは、精神分析を創始したフロイトであったが、一九二〇年代以降の精神分析が、「セラピストとクライアントとの関係性」に大きなアクセントを置くようになったことと対照的に、ユング派心理療法では、「夢」そのものにほとんど圧倒的と表現できるほどの大きな関心を寄せ続けている。

ここで《目標&ポイント》において言及した「インキュベーション」という営みについて少し補足しておくことにしよう。ユング派分析家のマイアーが『古代インキュベーションと現代の心理療法』(Meier 1948/1986) において指摘しているが、古代ギリシャにおいては、病に見舞われた人々は医神アスクレーピオスの神殿を訪れていた。斎戒沐浴して神殿内に入った参籠者は、アバトンと呼ばれる寝所で眠りに就く。やがて、参籠者は「夢」の中で、アスクレーピオス、ないし、その象徴としての蛇、あるいは犬の「顕現」を体験して癒されることとなった。インキュベーションとは、もともとは「鳥が卵を抱いて、孵化の時を待つこと、巣篭もること」の意であったが、同時に、「癒しの場・聖所における眠り」の意味でもあった。読者の中には、「インキュベーションなどというものは、遠い古代ギリシャの話ではないか、極東の日本とは関係ないのではないか」と思われる皆さんもおられるかもしれない。ところが、実は、インキュベーションという営みは、古代ギリシャにおいてだけ認められる儀礼ではなく、日本の古代・中世においても、さまざまの形で行われていた。ここではごく一例だけを挙げることにするが、西郷信綱が紹介している(西郷 一九七

ところ、天皇が「神牀《カムドコ》に坐した」時に、疫病が流行った時に、天皇が「神牀《カムドコ》に坐した」ところ、

夢に大物主大神が現れて、『オホタタネコ』なる人物を探して三輪山の自分の御前を祭らせると疫病が治まる」と語った、そこで、オホタタネコなる人物を探し出して、三輪山の大物主大神をいつき祭らせたら、天下は安らいだという記述がある。この「神牀に坐し」の意を西郷は、「神に祈って寝る床。夢に神意を得るための床」と解している（西郷 一九七二 四二－四五頁）。確かに、この同じ箇所が日本書紀においては、「天皇、乃ち、沐浴斎戒して、殿の内を潔清《きよまは》りて、祈みて曰さく」と記載されており、「斎戒沐浴して聖所に籠り、夢に神意を求める」インキュベーションという営み・儀礼が古代ギリシャにおいてだけでなく、日本においても確実に認められるようである。

マイアーは、このインキュベーションという営みが二千年の眠りを経て復活し、「心理学的志向をもつ医師たちがフロイトの例にならって再び寝椅子を用いるようになった」（Meier 1948/1986 p.60）と指摘している。確かに、フロイトは患者・分析家双方の意識水準が低下できるような面接のセッティングということで、患者にカウチに横たわってもらうという、あの独特の「自由連想」という方法を創造した。カウチに横たわった患者からは「そう言えば、今朝、夢を見ました」と報告されることとなった。身体レベルでも「意識水準」が低下した患者、そして、分析家の視線からも解放された患者は、日常的・現実的な世界から、「無意識」の世界・深みの世界へと下降してゆくこととなった。もちろんフロイト自身、自らの無意識の探索にあたって、森先生が詳述されたように自分の夢を検討し続けた人間であったし、「夢は無意識への王道」と捉えてもいたので、患者がカウチの上で語る「夢」に深い関心を持って耳を傾けることになった。まさに古代ギリシャのインキュベーションという営みが、二千年の眠りを経てフロイトの診察室で復活することとなったの

である。

夢について検討するに際しては、やはり具体的な夢を例示してみるのが一番であろう。

## 第一節　夢

［夢二］実家にいると、ピンポンとチャイムがなる。玄関扉の覗き穴から見てみると、なんだか胡散臭《うさんくさ》そうな男が立っている。私は、面倒なので留守を装って、居間に戻る。しばらくすると、またチャイムがなる。なんだかよく人の来る日だと思って、玄関で覗くと、また、さっきの男である。ちょっと不安になりながら、音をたてないよう静かに居間に戻る。またチャイムが鳴る。私は、窓やサッシの鍵をそっと確認し始める。と、裏の勝手口でノックの音がする。とても怖くなったところで目が覚める。」

読者には、「夢の情景」がなんとなくイメージされたであろうか。なんだか随分と日常的な夢と思われたであろうか。イメージというものがそうであるように、夢にも実にさまざまの特徴《カラー》のものがある。この夢のように日常場面そのもののように見える夢もあれば、今までの一生の中で、こんな宇宙的・超日常的夢は見たことがないといったものもある。「性的な内容」の夢もあれば、「執筆している論文のテーマ」についての夢もある。「彼・彼女」「父・母」の夢があれば、「未知の人物」についての夢もある。「誕生」の夢があれば、「死」の夢もある。「おだやかな暖かさ」に包まれながら見る夢もあれば、「恐怖」のあまり汗びっしょりで目を覚ますような夢もある。一言で言えば、人間の心の広大さ・深さ・不可思議さ・不条理さと同じように、夢もまた実に多様であるということであろう。ここで少し気をつけたいのは、日常的と思われる夢にはあまり大した意味はなく、非日常的で、ビッグな夢には深い意味があるなどということはほとんど言えないだろうということである。一見些細《ささい》で、ほとんど昼間の生活の繰り返しのような内容の夢にも、詳しく検討してみる・夢そのものに深く入ってみると、夢見手によってそのような夢が見られる「必然性」のようなものが感じられることが多いものである。

さて、「夢二」であるが、読者の皆さんはどのような印象を持たれたであろうか。先ほどは、「日常的」と表現したが、この類の夢は、随分とたくさんの方々に聴かせてもらうことが多い。皆さんの中にも、「夢二」に似たタイプの夢なら見た覚えがあると思われる方もいらっしゃるのではないだろうか。

## 第二節　クライアントとセラピストの共同作業

カウンセリングについてならばある程度の研修は受けたが、クライアントに「夢」を語られると困ってしまうとおっしゃるカウンセラーや精神科医に時々お目にかかる。ところが、心理療法場面でクライアントによって「夢」が語られた場合に、その「夢」とどのようにかかわったらよいかというと、実は、カウンセリング・心理療法《サイコセラピー》の基本を営んでいただければよいので、逆に言えば、「夢とのかかわり方」を通して心理療法の基本を身につけてゆくこともできると、私は思っている。

「夢二」に戻ろう。セラピストは、夢を聴きながら、これまでにクライアントが語ったさまざまのこと（症状・家族関係・成育史・対人関係上の傾向その他）を思い出しつつ、いろいろな連想を心に浮かべるかもしれない。語られた夢から、クライアントの心情・気持ちが甚《いた》く心にしみる場合ももちろんあるだろう。あるいは、これまで受けた長期にわたる研修（精神医学・心理査定・鑑別診断・カウンセリングの技法・心理力動・象徴解釈・事例研究その他その他）との関連で、あるアイディアやいわゆる何らかの「読み」の可能性が浮かんでくるかもしれない。あるいは、夢見手のことは暫し置いて、語られた「夢」イメージの世界そのものに関心を引かれることもあるだろう。もっと基本的に、語られた「夢」について、いくつかの「問いかけ」がしたくなるかもしれない。

　クライアントが夢以外のことについてさまざまに語ってくれている時、セラピストはどうするだろうか？　基本は、「耳を傾ける」に違いはない。但し、これは、心理療法だろうが、日常の会話（相手を理解しようとしている限り）であろうが、根本的な相違はないと思うが、よくわからないところ・不明確なところがあれば、「問いかけ」をすることになるのではないだろうか。只、心理療法の場合は、クライアントの心理的病理の重さによっては、必ずしも不明確・よくわからない話についても、「問いかけ」を控えて、とりあえずはクライアントの話を「丸ごと受けとめる」ことが大切なこともある。そのような場合以外ならば、やはり、「問いかけ」「質問」をすることになるだろう。「すみません、今おっしゃった『○○○○』って、どういうことか教えてもらえますか？」当たり前の話だが、セラピストがこの世の中・社会・文化その他さまざまのジャンルについてすべて知っている筈などないし、いわんや、クライアントの複雑な個人史・家族背景についてはクライアント自身に教えてもらうことしかできない訳だから、クライアントの話でわからない箇所があったら、まずは、「問いかけ」をすることになるだろう。それに、不思議なもので、セラピストにどうも「よくわからない」と感じられるところは、クライアントが実はあまり話したくなかったところである場合もあれば、逆にクライアント自身も自分で今ひとつ意識的・無意識的に理解することを避けてきたところである場合もある。いろいろな可能性を考えながら、「問いかけ」てみて、クライアントが「実は」と話してくれれば、さらに「耳を傾ける。」「〇〇さん（先生）、こんなこと知らないんですか」と言われれば、「はい、ごめんなさい。まったく、知らないことばかりで。よかったら教えてくださいよ」となることもあるだろう。もっとも、多くの人々の知っていることでも、当のクライアントがどう捉えているのか、クライアントにとってはどのようにイメージされているのかを聴かせてもらうのが一番大切であるので、セラピストの「無知」はほとんどセラピーの「害」にはならないことが多いと思われる。

　夢が語られた場合も基本は同じで、まずは、夢そのものの中で、セラピストにとって今ひとつ不明確なところがあれば、「問いかけ」をすることになるだろう。「夢一」に関しては、読者の皆さんはどうであろうか。ご自身がセラピストになり、クライアントからこの「夢一」が語られたと想像してみていただきたい。夢そのものには特に不明確なところはないかもしれない。おそらく、これまでの面接の過程で、「実家」については語られていることが多いだろうけれど、もしそうでなかったら、「夢の中では、〇〇さんは『実家』におられる?」「ええと、〇〇さんの『実家』は・・・?」といった漠然とした「問いかけ」から始めてみるだろうか。「胡散臭《うさんくさ》そうな男」がどのような様子・どのような感じの男であったかについても「問いかけ」られるかもしれない。「この『胡散臭《うさんくさ》そうな男』ってどんな感じだったか、もう少し教えてもらえますか?」とか。もし、特に不明確なところ・怪訝《けげん》と感じられるところがなければ、読者セラピストのさまざまの印象や連想はひとまず置いておいて、クライアント自身に、この「夢一」についての印象や感じを「問いかけ」

ることが第一歩ではないだろうか。夢はクライアントが見たものであって、セラピストが見たものではないので、ご本人である夢見手・クライアントにとっての印象を「問いかけ」ることが心理療法・カウンセリングとしても、夢が語られた場合の「対応」としても「基本」である。（「問いかけ」には、さまざまのレベルのものがあることについては、『心理カウンセリング序説』、そして、大学院科目『臨床心理面接特論』に詳述してあるので、関心をお持ちの方には、ぜひ参考にしていただきたい。）

セラピストの「問いかけ」、すなわち「この夢どうですか?」「どんな風に感じますか?」「どう思われますか?」に対して、クライアントはさまざまのことを語ることになるだろう。「最近、実際にこんなことがありました」という反応が返ってくるだろうと読者は思われるかもしれないが、個々の人間というのは、実に文字通りに種々さまざまであるので、いろいろ予期せぬ事柄が語られうるものである。「『チャイム』というのが、実は私にとってちょっとした問題でして」と、訪問販売や新聞勧誘、近所関係についての幾つもの「傷」が語られ始めることもあるであろう。「侵入される不安」が強力で、「鍵」が夢見手にとっての一大テーマのこともあるであろう。いわゆる「鍵をちゃんと閉めただろうか」という確認強迫がひどくて、なかなか外出できないという「症状」が初めて語られることもあるだろう。あるいは夢の「男」ということで、男性に対する強い不安、あるいは嫌悪感が語られることだってありえない訳ではない。ひとつの夢をきっかけとして、クライアントの抱えている心理的な課題・困難がようやく語り始められるということは決して稀なことではない。このような事実に遭遇すると、クライアントは「夢」を通して、自身の抱えている問題や困難と向き合うことを要請されることになるようだと表現することもできるであろう。

夢が語られたからと言って、初心のセラピストが困ることは基本的にはないと言えよう。とにかく、夢見手としてのクライアント自身に「問いかけ」、教えてもらう・語ってもらうのだから、心理療法・カウンセリングの基本そのものであることが理解していただけると思う。夢が報告されようとそうでなかろうと、心理療法はクライアントとセラピストの共同作業である。クライアントが夢について「実は」と語り始めるには、他方でのセラピストによる「問いかけ」が必要であって、この「問いかけ」がなければ、折角クライアントによって語られた「夢」も、そのままどこかに置き去りにされたままになるか、あるいは、セラピストのご立派な「解釈」が一方的に「投与」されるだけで終わってしまうことになるかもしれない。

但し、「夢が語られたからと言って、初心のセラピストが困ることは基本的にはない」という視点は、「夢」についてのユング派の視点と言っていいのではないだろうか。ユングは、フロイトのように夢（フロイトの言葉では「顕在夢」と言うことになる）は「ファサード」、すなわち、建物の「正面」にすぎず、本当の「潜在夢」は隠れているという見解にはまったく同意しなかった。「私にとって夢は『自然』そのものであって、騙そうというような意図を備えたものではなく、丁度、植物が出来る限り成長し、動物が出来る限り餌を捜し求めるように、まさにできる限り何かを言い表すものである」（Jung, 1961 p.165 日本語訳は筆者による。以下同様。）と語っている。ユングがクライアントの語る夢に対してとった姿勢が『自伝』の中に記されているので紹介してみよう。「私は『この夢についてどんなことが心に浮かびますか？』『この夢をどのように理解しますか？』『この夢はどこから来たんでしょう？』といった『問いかけ』をするだけであった。夢をどのように『読む』かは患者の答えや連想から自ずと明らかになった。私は理論的な観点は脇に置き、患者がイメージを自ら理解するのを手伝うだけであった。既に暫くして、私は、夢をそのように『読み』の基盤とすることが正しいことを認識した。というもの、夢はそのように考えられていたからである。夢は私たちがそこから出発しなければならない『事実』であった。」(Jung. 1961 p.174) フロイトの「筋のとおった解釈」への疑問は、ユングがフロイトから決別した大きなきっかけのひとつでもあった。

## 第三節　セラピストによる「読み」

セラピストによる「問いかけ」もひとつの大切な「共同作業」であるが、セラピストは、夢に対してのクライアント自身の「語り」に耳を傾けつつ、同時に、もう一方では、夢に対してのセラピスト側から「読み」とも取り組むことになる。あくまで「耳を傾け」つつであるので、例の「胡散臭《うさんくさ》そうな男」がどのような様子の人物であったのか、それに対してクライアントがどのような印象・感じを抱いたのか、そもそも「男」に対してクライアントはどのような感じを持っているのか、あるいは、「実家との関係」についてクライアントはどのようなことを語るか等についてセラピストはじっくりと耳を傾け続けているだろう。耳を傾けながらも、「さて、実家にいるは、クライアントのもとに胡散臭そうな男が訪れる?」「クライアントは男の訪問を無視しようとしている?」「家とか・部屋とかは、夢では、夢見手自身の『心のあり方』を象徴的に表わすイメージとしてよく出てくるよなぁ。」ここらあたりの連想からは、若い女性が思春期から大人の女性に至るまでのある時期、「夢一」に類似の夢を見ることが多いということも、ある程度の臨床経験を持つセラピストならば、さらに思いおこすことになるかもしれない。(詳述はしないが、精神分析的アプローチだと、この「胡散臭《うさんくさ》そうな男」はセラピスト・イメージとして捉えられることになるだろう。これが、イメージをも、もっぱら「セラピスト・クライアントの関係性（転移と呼ばれる）」の視点から見る精神分析学派の特徴である。）

本書後半とも熱心に取り組んでこられた読者・放送授業にも耳を傾けてこられた受講生の方ならば、さらに、「玄関と言えば、いわば、表口、裏の勝手口というのは、裏口、なんとなく、第十章の『ペルソナとゼーレ』『オモテとウラ』というのも思い出すなぁ」と連想を膨らませていただけるかもしれない。「『男性像による裏口からのノック』ということならば、必ずしも、現実界・外界の男性ということだけでなく、夢見手の『心の中の男性像』ということも考えてもいいのかもしれない」とか？　どうだろう、「日常的」に思える夢からも、クライアント・セラピスト双方の連想の助けで、イメージは幾らでも豊かにされうるようである。

ちなみに、ここで夢の男性像を現実界の男性ということでなく、夢見手の「心の中の男性像」ととる視点は、ユング派の「夢の『読み方』」でひとつの重要な視点であるので読者にはぜひ理解していただきたい。夢に現れる人物像を外界・現実界の実際の人物と捉える視点は「客体水準の視点」と表現される。「夢一」の「胡散臭そうな男」を実際に夢見手が現実界で遭遇したことのある、あるいは、現実界で遭遇しうる人物、つまり、外界・客体世界における実際の人物と理解する視点である。この夢では実際に会ったことがある人物としては登場していないが、例えば、「職場の同僚」が夢の中に現れることもあるだろう。この「同僚」を、現実界・外界の実際の「同僚」と理解する視点が「客体水準」の視点である。これに対して、この「同僚」を、夢の中では「同僚」として登場しているけれども、実は夢見手の心の中にあって、「同僚」で表現されるような「面・

傾向」と理解するとしたら、この理解の仕方は、夢の人物像を「主体水準の視点」で捉えていることになる。したがって、［夢一］の「胡散臭そうな男」を夢見手の「心の中の男性像」、すなわち、夢見手の心の中にあって「胡散臭そうな男」というイメージで表現されるような「面・傾向」と理解する見方は、「主体水準の視点」での捉え方と言えよう。本章までの放送授業、印刷教材において、「補償」という視点を何度か説明してきたけれど、「補償」という視点とともに、人物像を「客体水準」「主体水準」両方の視点で理解しようとすることも、ユング派の「夢の『読み方』」のひとつの重要な視点であるので読者にはぜひ心に留めておいていただきたい。

## 第四節　夢と神話・昔話

日常的と思われた［夢一］も、一見するところよりは、はるかに心理学的にさまざまの背景や可能性へと開かれているものであることが次第に理解されてきたように思われる。それでも、［夢一］に関しては、実は、さらに検討を深めてゆくことができる。「『実家』にいる女性」（ここでは夢見手を女性と仮定している）「胡散臭そうな『男』の訪問」「女性と男のかかわり方」といったところに焦点をあてて、読者にも、しばしの間、連想・イマジネーションを膨らます営みと取り組んでみていただけないだろうか。

そう、私たちが、あの「異類婚姻譚」と呼ばれる昔話を通してかかわってきたテーマと、この［夢一］は、「時代的な『装い』」こそ異なるとは言え、本質的なところでは、相当に共通するところを持っていることに読者は気が付かれるのではないだろうか。それだからこそ、夢見手が「実家」とどのような関係にあるのか、「胡散臭そうな男」が実際にはどんな様子であったのか、夢見手はこれに対してどのような感じを抱いたのかについて、まず夢見手自身にその心を語ってもらうことは「夢イメージ」とのかかわりにおいて不可欠なのである。私たちは今や、「異類婚姻譚」にも、さまざまな話型があることを知っている。そして、他方、「個性化の過程」という言葉を通して、人間の心が絶えず変容をしてゆくものであることも知っている。その意味では、この［夢一］をクライアントから聴かせてもらい、話し合ってゆくにしても、［夢一］を固定したものと捉えることはしないであろう。この点もまた、「夢は、ひとつの夢だけでなく、シリーズ・系列として理解することが望ましい」とするユング派における「夢の『読み方』」のひとつの特徴と言ってよいであろう。クライアントは心理療法を通して、「変容」の真っ只中にいるのであるし、クライアント・夢見手の心の扉に、ある「異性像あるいは異類イメージ」からの「ノック」がなされたのであるから、プロセスは、まさに始まろうとしているところである。【ちなみに［夢一］は、私の臨床経験に基づいたものとは言え、具体的にはあくまで『架空』のものであることを最後にお断りしておきたい。例外を除けば、『面接室という器』の「密閉性」を守ることも、セラピストとしての私のとても大事な仕事であるので。】

## 〈おわりに〉

昔話・神話のイメージと現代人の心理療法過程に現れる夢のイメージが実は深い対応性、あるいは、共通性を持っているらしいことが読者の皆さんには、なんとなく感じていただけたであろうか。この点については、そして、心理療法の実際において、このようなセラピスト側での心理学的仮説設定に基づいて、クライアントとどのような「話し合い」あるいは、クライアントに対して、どのような「問いかけ」「語りかけ」をしうるのかといった点については、放送授業で時間の許す限りさらに取り組んでみることとしたい。本講を通して、精神分析やユング派心理療法、昔話・神話・イメージ・心理療法といったことに関心を惹かれた読者がおられたとしたら、既にご紹介した大学院科目『臨床心理面接特論』や、また、放送大学「心理と教育」コースが提供しているさまざまの視点からの心理学・臨床心理学・心理臨床・カウンセリング等の科目をさらに幅広く勉強してみられることをお勧めして、そろそろ、本稿を書き続けてきたペンを置くこととしたい（実際は、パソコンのワープロソフトを閉じることになるのだが）。

## 文献


Jung, C.G.（1961）: Erinnerungen, Träume, Gedanken von C.G. Jung. Aufgezeichnet und herarusgegeben von Aniela Jaffé. Rascher Verlag : Zürich.（1971）Walter Verlag : Olten.

Meier, C.A.（1948）: Antike Inkubation und Moderne Psychotherapie. Zürich. 秋山さと子（訳）（一九八六）夢の治癒力—古代ギリシャの医学と現代の精神分析　筑摩書房。

西郷信綱（一九七二）：古代人と夢　平凡社。


### 《本章のテーマについてさらに深く学びたい読者に勧めたい参考文献》


（1）河合隼雄（一九六七）：ユング心理学入門　培風館。（二〇一〇）新装版。

（2）河合隼雄（一九八六）：心理療法論考　新曜社。

（3）河合隼雄（一九九二）：心理療法序説　岩波書店。（二〇〇九）〈心理療法〉コレクションⅣ　心理療法序説　岩波現代文庫。

（4）大場 登（二〇〇〇）：ユングの「ペルソナ」再考―心理療法学的接近 日本心理臨床学会発行 創元社。
（5）大場 登・小野けい子（二〇〇九）：臨床心理面接特論 放送大学教育振興会。

**●や　行**



**●ら　行**

●ま　行

……………………………………………

**●か　行**

# 索引

●配列は五十音順，＊は人名を示す。

# 著者紹介

（執筆の章順）

## 大場　登（おおば・のぼる）

◎執筆章→1・9〜15

一九四九年　東京に生まれる
一九七二年　上智大学外国語学部ドイツ語学科卒業
一九七四年　上智大学文学部教育学科心理学コース卒業
一九八〇年　上智大学大学院文学研究科教育学専攻（心理学）博士後期課程満期退学
一九八七年　ユング派分析家資格取得（チューリッヒ・ユング研究所）
現在　放送大学教授・博士（心理学）・臨床心理士
専攻　臨床心理学・心理療法学・ユング心理学
主な著書
単著　『ユングの「ペルソナ」再考‐心理療法学的接近』（日本心理臨床学会・心理臨床学モノグラフ第一巻）創元社　二〇〇〇年。
共著　『臨床心理学を学ぶ』（臨床心理学大系第十三巻）金子書房　一九九〇年。
『カウンセリングと精神療法』培風館　一九九九年。
『心理療法と個性』（講座・心理療法第五巻）岩波書店　二〇〇一年。
『遊戯療法の実際』誠信書房　二〇〇五年。
『臨床心理面接特論‐心理療法の世界』放送大学教育振興会　二〇〇七年。
『心理カウンセリング序説』放送大学教育振興会　二〇〇九年。
その他多数

森　さち子（もり・さちこ）◎執筆章→1・2〜8

一九八六年　東京都に生まれる
一九八六年　慶應義塾大学文学部人間関係学科人間科学専攻卒業
一九九一年　慶應義塾大学社会学研究科社会学修士課程修了
一九九三年　慶應義塾大学医学部精神・神経科学教室助教
二〇〇八年　博士（慶應義塾大学）
現在　慶應義塾大学総合政策学部准教授
慶應義塾大学医学部精神・神経科学教室兼担准教授
サイコセラピー・プロセス研究所副所長
臨床心理士、日本精神分析学会認定心理療法士・スーパーバイザー
専攻　臨床心理学・精神分析学
主な著書　症例でたどる子どもの心理療法（金剛出版社）
「かかわり合いの心理臨床」（誠信書房）
間主観性の軌跡（共著・岩崎学術出版社）
間主観的感性（共著・岩崎学術出版社）
青年のひきこもり（共著・岩崎学術出版社）
乳児研究から大人の精神療法へ—間主観性さまざま（共訳・岩崎学術出版社）
「心理カウンセリング序説」共著・大場登編　放送大学教育振興会）
シリーズ「子どもの心理臨床」絵本九巻（全訳・誠信書房）

放送大学教材　1528610-1-1111（ラジオ）

# 精神分析とユング心理学

発　行　2011年３月20日　第１刷
　　　　2011年９月20日　第２刷
著　者　大場　登・森　さち子
発行所　財団法人　放送大学教育振興会
〒105-0001　東京都港区虎ノ門1-14-1　郵政福祉琴平ビル
電話　03（3502）2750

市販用は放送大学教材と同じ内容です。定価はカバーに表示してあります。
落丁本・乱丁本はお取り替えいたします。

Printed in Japan　ISBN978-4-595-31246-5　C1311
本文用紙は再生紙を使用しています。